CAIXINHA DE PERGUNTAS DO CRISTÃO

ABELÍCIO GONÇALVES

Ficha Técnica

Título: Caixinha de Perguntas do Cristão

Autor: Abelício Simone Gonçalves

ID do Direito Autoral: DA-2024-068300

ISBN: 978-65-01-25790-7

Ano de Publicação: 2024

Edição: 1ª Edição

Formato: (13,97 cm x 21,59 cm)

Género: Religião / Espiritualidade Cristã

Idioma: Português

Dados Internacionais de Catalogação na Publicação (CIP)
(Câmara Brasileira do Livro, SP, Brasil)

```
Gonçalves, Abelício
    Caixinha de perguntas do cristão / Abelício
Gonçalves. -- 1. ed. -- Balneário Camboriú, SC :
Ed. do Autor, 2024.

    ISBN 978-65-01-25790-7

    1. Bíblia - Estudos 2. Escatologia 3. Fé
(Cristianismo) 4. Salvação (Teologia) - Cristianismo
5. Perguntas e respostas 6. Vida cristã I. Título.

24-242639                                    CDD-220
```

Índices para catálogo sistemático:

1. Bíblia : Perguntas e respostas   220

Aline Graziele Benitez - Bibliotecária - CRB-1/3129

Sumário

Dedicatória

Dedico este livro actualmente a mais de 900 mil seguidores da nossa página (não pretendo identificar o nome), que têm sido uma fonte constante de inspiração e encorajamento ao compartilhar suas dúvidas e aspirações sobre a fé cristã. Que suas perguntas possam ser um canal para levar ainda mais pessoas ao conhecimento profundo de Deus e de Sua vontade.

Dedico também a todos os jovens e adultos que buscam fortalecer sua fé em Cristo, que anseiam por um relacionamento verdadeiro com Deus e que, em cada dia, encontram forças para viver em santidade e dependência do Senhor.

Agradecimentos

Agradeço a Deus, que é a fonte de toda sabedoria e amor. Sem Ele, este projecto não teria sentido nem direcção. Sua presença em minha vida é o que inspira cada palavra aqui escrita.

Agradeço aos seguidores da nossa página no Instagram onde somos actualmente mais de 900 mil pessoas, cujas perguntas e interacções diárias me desafiaram a aprofundar meu entendimento da Palavra e a transmitir respostas práticas e bíblicas. Cada um de vocês é parte essencial deste projecto. Que este livro possa ser um meio de continuar respondendo às suas dúvidas e incentivando-os na caminhada cristã.

Vocês não são apenas números, são almas!

Introdução

A vida cristã desperta uma infinidade de perguntas. Algumas surgem com os primeiros passos na fé, outras à medida que crescemos espiritualmente e enfrentamos desafios. Este livro, **"Caixinha de Perguntas do Cristão,"** foi inspirado por centenas de perguntas que eu ia recebendo diariamente na nossa página, onde uma comunidade de mais de 900 mil seguidores busca entender melhor a vontade de Deus e viver uma fé autêntica e prática. São questões sinceras, vindas de pessoas que desejam alinhar suas vidas aos ensinamentos de Cristo, fortalecendo sua fé e aprofundando sua comunhão com Deus.

Cada pergunta neste livro foi cuidadosamente seleccionada para reflectir as dúvidas mais comuns e, ao mesmo tempo, mais profundas dos cristãos em busca de maturidade espiritual. Através de respostas baseadas na Bíblia, argumentos sólidos e exemplos práticos, meu desejo é que este livro sirva como um guia confiável para você que deseja crescer em intimidade com Deus.

Que esta "Caixinha de Perguntas" possa ajudar a transformar dúvidas em crescimento espiritual e incertezas em fé fortalecida, inspirando-o a caminhar com Deus de forma segura e confiante, independentemente dos desafios.

Perguntas e Resposta Sobre o Namoro e o Casamento

Perguntas e Resposta Sobre o Namoro e o Casamento

1. Qual é o propósito do namoro para um cristão?

O propósito do namoro para um cristão é o casamento, mas antes ele deve buscar desenvolver um relacionamento que honra a Deus e busca a sua vontade. O namoro deve ser um tempo de aprendizado mútuo e crescimento espiritual, reflectindo o amor de Cristo (**1 Coríntios 10:31** - *"Portanto, quer comais, quer bebais, ou façais outra coisa, fazei tudo para a glória de Deus."*).

2. Como saber se estou preparado(a) para namorar?

A preparação para namorar envolve um relacionamento saudável com Deus e maturidade emocional. Avalie sua capacidade de amar e servir ao outro (**Gálatas 5:22-23** - *"Mas o fruto do Espírito é amor, alegria, paz, longanimidade, benignidade, bondade, fidelidade, mansidão, temperança; contra estas coisas não há lei."*).

3. É errado namorar alguém de outra religião?

A Bíblia nos adverte sobre estar em um jugo desigual (**2 Coríntios 6:14** - *"Não vos ponhais em jugo desigual com os infiéis; pois que sociedade pode ter a justiça com a injustiça? E que comunhão tem a luz com as trevas?"*). Namorar alguém de outra religião pode levar a conflitos de fé e valores, e sobre o jugo desigual, você vai ficar chocado quando eu disser que ele existe até mesmo entre pessôas da mesma religião.

4. Como encontrar um(a) parceiro(a) que compartilhe da mesma fé?

Esteja no lugar certo, participe de comunidades cristãs e busque a orientação de Deus em oração (**Salmo 37:4** - *"Deleita-te também no Senhor, e ele te concederá os desejos do teu coração."*). O desejo de encontrar alguém que compartilhe sua fé deve estar no seu coração. Procure a pessoa certa no lugar certo!

5. Quais são as qualidades importantes a buscar em um(a) namorado(a)?

Busque qualidades como fé, carácter, respeito e a disposição de crescer juntos na fé (**Filipenses 4:8** - *"Finalmente, irmãos, tudo o que é verdadeiro, tudo o que é respeitável, tudo o que é justo, tudo o que é puro, tudo o que é amável, tudo o que é de boa fama, se há alguma virtude, e se há algum louvor, nisso pensai."*).

6. Existe "a pessoa certa" destinada por Deus para cada um?

Embora Deus tenha planos para nós, a escolha do cônjuge envolve nossa responsabilidade. A sabedoria e a orientação de Deus são essenciais (**Provérbios 3:5-6** - *"Confia no Senhor de todo o teu coração e não te estribes no teu próprio entendimento; reconhece-o em todos os teus caminhos, e ele endireitará as tuas veredas."*).

7. Como saber se o(a) meu(minha) namorado(a) é a pessoa certa para casar?

Observe a compatibilidade em valores e a disposição de ambos para crescer espiritualmente (**Amós 3:3** - *"Andarão dois juntos, se não estiverem de acordo?"*). A oração e o discernimento são fundamentais.

8. É pecado vivermos juntos antes do casamento?

A relação sexual é reservada para o casamento (**1 Coríntios 6:18-20** - *"Fugi da prostituição. Todo pecado que o homem comete é fora do corpo; mas o que fornica peca contra o seu próprio corpo."*). Viver junto antes do casamento pode levar à tentação e comprometer a pureza, por isso fui directo falando logo da relação sexual antes do casamento.

9. Como manter a pureza sexual no namoro?

Estabeleçam limites claros e orem juntos, buscando fortalecer o relacionamento em torno de Deus (**1 Tessalonicenses 4:3-5** - *"Pois esta é a vontade de Deus, a vossa santificação: que vos abstenhais da prostituição; que* *cada um de vós saiba ter de sua própria esposa a seu modo, em santidade e honra.")*.

10. Quais são os limites físicos que um casal cristão deve ter no namoro?

Os limites devem ser acordados entre o casal, visando sempre honrar a santidade do relacionamento (**1 Coríntios 6:19-20** - *"Acaso não sabeis que o vosso corpo é santuário do Espírito Santo, que está em vós, o qual tendes da parte de Deus, e que não sois de vós mesmos?"*). Até mesmo o beijo que muitas vezes é normalizado no namoro, se ele vos coloca sujeitos a cair no pecado de formicação deve ser evitado!

11. O que fazer se um dos dois no namoro não quer esperar até o casamento?

Converse abertamente e busque entender a importância da pureza sexual e da vontade de Deus (**Gálatas 5:22-23** - *"Mas o fruto do Espírito é... domínio próprio; contra estas coisas não há lei."*). Se mesmo depois da conversa não houver uma solução, considere terminar esse namoro ou dar um tempo.

12. Por que a Bíblia valoriza tanto a virgindade até o casamento?

A virgindade é vista como um símbolo de pureza (**Hebreus 13:4** - *"Digno de honra entre todos seja o matrimónio, bem como o leito sem mácula; pois Deus julgará os adúlteros e os devassos."*). A relação sexual deve ser honrada dentro do compromisso do casamento.

13. Qual é o papel da oração no relacionamento amoroso?

A oração é vital para buscar a direcção de Deus e fortalecer o relacionamento (**Filipenses 4:6-7** - *"Não andeis ansiosos de coisa alguma; antes, em tudo, sejam conhecidas diante de Deus as vossas petições, pela oração e pela súplica, com acções de graças."*). Orar juntos também ajuda a criar um vínculo espiritual.

14. Como lidar com a pressão para se casar rápido?

Confie no tempo de Deus e na sua sabedoria (**Eclesiastes 3:1** - *"Tudo tem o seu tempo determinado, e há tempo para todo o propósito debaixo do céu."*). A comunicação aberta sobre expectativas é importante.

15. Como saber a vontade de Deus para o meu namoro?

Busque a direcção de Deus por meio da oração e da leitura da Bíblia (**Tiago 1:5** - *"E, se algum de vós tem falta de sabedoria, peça-a a Deus, que a todos dá liberalmente, e* *nada lhes impropera; e ser-lhe-á dada."*). Esteja atento ao que Deus fala em seu coração.

16. Como lidar com desentendimentos e conflitos no namoro?

A comunicação é essencial. Busque resolver conflitos com amor e compreensão (**Efésios 4:15** - *"Mas, seguindo a verdade em amor, cresçamos em tudo naquele que é a cabeça, Cristo."*).

17. Como podemos colocar Deus no centro do nosso relacionamento?

Dedique tempo à oração e à leitura da Bíblia juntos (**Colossenses 3:17** - *"E, tudo quanto fizerdes, seja em palavra, seja em acção, fazei tudo em nome do Senhor Jesus, dando por ele graças a Deus Pai."*).

18. É aceitável terminar um relacionamento se percebo que não é da vontade de Deus?

Sim, a vontade de Deus deve ser priorizada (**Romanos 12:2** - *"E não vos conformeis com este mundo, mas transformai-vos pela renovação da vossa mente, para que experimenteis qual seja a boa, agradável e perfeita vontade de Deus."*). Se o relacionamento não está alinhado com isso, é sábio considerar o término. E sabemos da vontade de Deus ouvindo Deus falar através da Bíblia.

19. O que a Bíblia diz sobre casar com pessoas divorciadas?

Jesus ensinou que o divórcio é permitido apenas em casos de infidelidade (**Mateus 19:9** - *"Eu, porém, vos digo que qualquer que repudiar a sua mulher, excepto por causa de prostituição, e casar com outra, comete adultério; e o que casar com a repudiada também comete adultério."*). Cada situação deve ser analisada com cuidado e orientação espiritual.

20. Como os pais devem se envolver no namoro cristão?

Os pais devem oferecer conselhos e apoio, ajudando os filhos a discernir a vontade de Deus (**Provérbios 1:8-9** - *"Filho meu, ouve a instrução de teu pai e não deixes o ensinamento de tua mãe; porque serão diadema de graça para a tua cabeça e colares para o teu pescoço."*).

21. O que fazer se minha família não aprova o(a) meu(minha) namorado(a)?

Comunique-se sobre suas escolhas e busque entender as preocupações deles. A oração deve ser central nesse processo (**Filipenses 4:6** - *"Não andeis ansiosos de coisa* *alguma; antes, em tudo, sejam conhecidas diante de Deus as vossas petições, pela oração e pela súplica, com acções de graças."*).

22. Existe uma idade certa para começar a namorar?

Não há uma idade específica, mas a maturidade emocional é crucial (**1 Timóteo 4:12** - *"Ninguém despreze a tua mocidade; mas sê o exemplo dos fiéis, na palavra, no procedimento, na caridade, na fé, na pureza."*). A responsabilidade e a comunicação são essenciais. De forma particular eu recomendo que a pessoa comece a namorar só depois de estar preparado emocionalmente, espiritualmente, socialmente e financeiramente. Se você esta pronto numa dessas etapas e falta uma delas, espere completar todas etapas para poder iniciar um namoro, e não se esqueça que o namoro é preparação para o casamento. Pode ter certeza que não é na adolescência que você consegue estar preparado(a) para começar a namorar.

23. Como ter certeza de que estamos prontos para o casamento?

A prontidão envolve maturidade emocional, estabilidade financeira e um relacionamento saudável com Deus (**Provérbios 24:3-4** - *"Com sabedoria se edifica a casa, e com inteligência se firma; e com conhecimento se encherão* *as câmaras de toda sorte de bens preciosos e agradáveis."*). Considere as outras duas etapas da resposta anterior não mencionadas aqui.

24. Como evitar idolatrar o(a) parceiro(a) e manter Deus como prioridade?

Lembre-se de que Deus deve ser sempre o centro de sua vida. Mantenha práticas espirituais e busque activamente a orientação de Deus em sua vida e relacionamento. E é sempre importante estabelecer limites.

25. Como superar um rompimento de um relacionamento que parecia ser da vontade de Deus?

Dê-se tempo para curar e busque apoio em amigos e familiares. Ore e confie que Deus tem um plano maior, mesmo que não seja compreendido no momento.

26. O que fazer se estamos em um relacionamento à distância?

Mantenha uma comunicação aberta e frequente, estabeleça metas claras e invista em visitas sempre que possível. A oração e o apoio mútuo são essenciais para fortalecer a relação.

27. Como é o papel do homem e da mulher no casamento cristão?

O homem é chamado a ser líder e provedor espiritual, enquanto a mulher é incentivada a ser ajudadora e a apoiar o marido. Ambos devem amar e respeitar um ao outro, reflectindo a relação entre Cristo e a Igreja.

28. Qual é a importância do perdão e da paciência no casamento?

O perdão e a paciência são essenciais para resolver conflitos e fortalecer o relacionamento. Todos cometemos erros, e a disposição para perdoar ajuda a manter a unidade e a harmonia no casamento.

29. Como lidar com diferenças de personalidade e objectivos no casamento?

A comunicação é chave. Aprender a respeitar as diferenças e trabalhar juntos em soluções criativas pode fortalecer o relacionamento e promover crescimento mútuo.

30. Como manter o amor e a paixão viva no casamento, mesmo após anos juntos?

Invista tempo um no outro, crie momentos especiais e mantenha a comunicação aberta. A oração e o envolvimento em actividades espirituais juntos também podem fortalecer o vínculo.

Perguntas e Resposta Sobre o Relacionamento com Deus

A PARTIR DESSA SESSÃO, LEIA COM RECURSO A UMA BÍBLIA PARA PODER FAZER A CONSULTA DOS VERSÍCULOS DESTACADOS.

1. Como posso fortalecer meu relacionamento com Deus?

Fortalecer o relacionamento com Deus começa com a oração constante e a meditação na Palavra (**Salmo 1:1-3**). Dedique-se a buscá-Lo, mantendo uma vida de oração (**1 Tessalonicenses 5:17**) e obediência.

2. Como ouvir a voz de Deus?

Para ouvir a voz de Deus, devemos viver em comunhão com Ele. Ele fala principalmente através da Bíblia, mas também nos momentos de oração e circunstâncias (**João 10:27**). O Espírito Santo nos ajuda a discernir Sua voz.

3. Como saber a vontade de Deus para minha vida?

Descobrimos a vontade de Deus ao buscar um relacionamento mais íntimo com Ele e renovar nossa mente pela Palavra (**Romanos 12:2**). Ele nos guia em cada passo conforme nos submetemos à Sua vontade.

4. Por que às vezes me sinto distante de Deus?

A distância pode ser causada pelo pecado ou por distracções da vida. Deus nos convida a confessar nossos pecados (**Isaías 59:2, 1 João 1:9**) e a nos aproximarmos Dele para restaurar a comunhão.

5. Como ter intimidade com Deus diariamente?

Separe um tempo diário para oração e leitura da Bíblia (**Mateus 6:6**). Compromisso diário e constante com Deus é essencial para crescer em intimidade. Nós nos tornamos íntimos das pessoas com quem passamos mais tempo, passe mais tempo com Deus.

6. Por que é importante ler a Bíblia?

A Bíblia é a Palavra de Deus e nossa guia para uma vida de acordo com a vontade de Deus (**2 Timóteo 3:16-17**). Ela nos ajuda a conhecer a Deus, a fortalecer a fé e a encontrar sabedoria para as decisões.

7. Como manter a fé em momentos de dificuldade?

A fé é fortalecida ao lembrar das promessas de Deus e perseverar na oração (**Romanos 10:17, Hebreus 11:1**). Os momentos de dificuldade nos aproximam de Deus e nos ensinam a confiar em Sua fidelidade.

8. Como saber que Deus me perdoou?

Deus promete perdoar todo aquele que confessa os seus pecados (**1 João 1:9, Salmo 103:12**). O arrependimento sincero nos liberta da culpa, e a fé em Cristo nos garante a reconciliação com Deus.

9. Qual é o papel da oração no relacionamento com Deus?

A oração é o canal de comunicação com Deus (**Filipenses 4:6-7**). Ela fortalece nossa fé, nos traz paz e nos ajuda a conhecer a vontade de Deus para nossa vida.

10. Como superar a dúvida sobre a existência de Deus?

Para superar a dúvida, busque conhecimento das Escrituras e confie em suas promessas (*Hebreus 11:6*). A oração e a comunhão com outros crentes também fortalecem a fé.

11. Como posso sentir a presença de Deus?

A presença de Deus é sentida quando nos aproximamos Dele com sinceridade (**Tiago 4:8**). Adoração, oração e obediência nos aproximam Dele, permitindo experimentar Sua paz e alegria.

12. Como confiar em Deus mesmo sem entender o que Ele está fazendo?

Confie que Deus é soberano e fiel, mesmo quando não entendemos (**Provérbios 3:5-6**). Nossa confiança é baseada na Sua Palavra e em Seu carácter imutável.

Não tenho passado a transcrição dos versículos agora de modo a te incentivar a ler esse livro com sua Bíblia de lado.

13. O que significa ser amigo(a) de Deus?

Ser amigo de Deus significa conhecê-Lo, andar em Seus caminhos e desfrutar da intimidade que Ele oferece (**João 15:15, Tiago 2:23**). É ter uma comunhão verdadeira e sincera com Ele.

14. Como posso depender mais de Deus e menos de mim mesmo(a)?

Aprendemos a depender de Deus ao reconhecer nossa limitação e confiar em Seu poder (**Filipenses 4:13, João 15:5**). A oração constante e a fé nos ajudam a depender Dele em tudo, a obediência é uma das principais armas dessa busca.

15. O que significa amar a Deus acima de todas as coisas?

Amar a Deus acima de tudo é colocá-Lo em primeiro lugar e fazer Sua vontade a nossa prioridade (**Mateus 22:37-38**). Esse amor envolve obediência e devoção completa a Ele.

16. Por que é importante jejuar?

O jejum é uma prática espiritual que nos ajuda a focar em Deus, fortalecendo nosso espírito e humilhando-nos diante d'Ele (**Mateus 6:16-18**). É um meio de buscar Sua direcção e se aproximar Dele.

17. Como posso desenvolver o fruto do Espírito na minha vida?

O fruto do Espírito é desenvolvido pela acção do Espírito Santo em nós, conforme obedecemos à Palavra (**Gálatas 5:22-23**). Buscar uma vida de oração e submissão ajuda no crescimento espiritual.

18. Como Deus pode me usar para ajudar outras pessoas?

Deus nos usa ao nos disponibilizarmos para servir (**1 Pedro 4:10**). Através dos dons que Ele nos dá, podemos edificar e ajudar outros a crescer na fé.

19. Como saber que estou crescendo espiritualmente?

O crescimento espiritual é evidenciado pelo aumento da fé, paciência e pelo desenvolvimento do fruto do Espírito (**Efésios 4:15, Gálatas 5:22-23**). Um relacionamento mais profundo com Deus e uma vida de obediência mostram o crescimento.

20. Como lidar com o silêncio de Deus?

Nos momentos de silêncio, confie que Deus ainda está presente (**Salmo 46:10**). Esses momentos nos ensinam a esperar e a fortalecer nossa fé, nos aproximando ainda mais Dele.

21. Por que algumas orações parecem não ser respondidas?

Às vezes, Deus responde de formas diferentes do esperado, ou está nos ensinando algo através da espera (**1 João 5:14, Romanos 8:28**). Ele sempre age para o nosso bem, mesmo quando não entendemos.

22. Como saber a diferença entre a voz de Deus e meus próprios pensamentos?

A voz de Deus é confirmada pela Bíblia e nos direciona para o bem (**João 16:13, 1 João 4:1**). Discernimento e oração ajudam a reconhecer Sua voz.

23. Como desenvolver uma vida de adoração verdadeira?

Adorar a Deus em verdade é honrá-Lo em todas as áreas da vida, com sinceridade e devoção (**João 4:23-24**). A adoração vai além de cânticos, envolvendo obediência e santidade.

24. O que significa temer a Deus?

Temer a Deus é respeitá-Lo profundamente, reconhecendo Sua santidade e autoridade (**Provérbios 9:10**). Esse temor nos leva a evitar o pecado e a viver uma vida agradável a Ele.

25. Como vencer o medo e confiar plenamente em Deus?

O medo é vencido pela confiança em Deus e nas Suas promessas (**Isaías 41:10, Salmo 56:3**). A oração e a leitura das Escrituras fortalecem a nossa fé e nos trazem paz. Tenho o testemunho de muitas vezes que vi Deus fazer desaparecer o medo após um momento conversando com Ele e meditando nas escrituras, dessa forma ouvindo o que Ele fala.

26. Como me arrepender verdadeiramente dos meus pecados?

O verdadeiro arrependimento envolve tristeza pelo pecado, confissão e uma decisão de abandonar o erro (**Actos 3:19, 2 Coríntios 7:10**). Deus é fiel para perdoar. O arrependimento verdadeiro não acontece quando você chora, acontece quando você muda!

27. Como posso ter paz em Deus em meio às preocupações diárias?

A paz vem quando entregamos nossas preocupações a Deus em oração, confiando que Ele cuida de nós (**Filipenses 4:6-7, 1 Pedro 5:7**). Lembre-se das promessas de Deus e mantenha sua fé.

28. O que significa viver uma vida cheia do Espírito Santo?

Viver cheio do Espírito significa permitir que Ele guie nossas acções e pensamentos (**Efésios 5:18**). Buscar a Deus, obedecer à Sua Palavra e permitir que Ele nos transforme são sinais de uma vida cheia do Espírito.

29. Como Deus fala connosco através da natureza e das circunstâncias?

Deus se revela na criação e pode falar através de eventos e experiências para nos mostrar algo sobre Sua vontade e carácter (**Salmo 19:1, Romanos 1:20**).

30. Como posso viver de forma a agradar a Deus em todas as áreas?

Para agradar a Deus, devemos viver segundo Sua Palavra, buscando justiça, amor e humildade (**Miqueias 6:8, 1 Coríntios 10:31**). O Espírito Santo nos capacita a viver de maneira digna e agradável a Deus.

Perguntas e Resposta Sobre a Santidade

Perguntas e Resposta Sobre a Santidade

1. O que significa ser santo?

Ser santo é ser separado para Deus, vivendo de acordo com Seus preceitos e buscando a pureza de vida. É estar em comunhão com Deus e reflectir Seu carácter (**Levítico 20:26, 1 Pedro 1:15-16**).

2. Por que Deus nos chama para sermos santos?

Deus nos chama para sermos santos porque Ele é santo e deseja que Seus filhos reflictam Sua pureza e justiça (**1 Pedro 1:16**). A santidade nos torna aptos para o propósito de Deus e nos aproxima Dele.

3. Como posso buscar a santidade no meu dia a dia?

Buscamos a santidade ao viver em obediência à Palavra, orando, evitando o pecado e renovando nossa mente (**Romanos 12:1-2**). Devemos também buscar a ajuda do Espírito Santo para crescer em santidade.

4. É possível viver uma vida de santidade em um mundo tão corrompido?

Sim, é possível viver em santidade ao depender do Espírito Santo, mesmo em um mundo corrompido (**João 17:15-17**). Deus nos capacita a ser luz e a manter a integridade espiritual.

5. Qual é a relação entre santidade e salvação?

A salvação é o início do processo de santificação. Ao sermos salvos, somos chamados a viver em santidade como resultado da nossa nova natureza em Cristo (**Efésios 2:8-10, Hebreus 12:14**).

6. Como o pecado afecta minha santidade?

O pecado quebra a comunhão com Deus e nos afasta da santidade. Ele impede o nosso crescimento espiritual e precisa ser confessado e abandonado (**Isaías 59:2, 1 João 1:9**).

7. Como posso vencer hábitos e pecados que me afastam da santidade?

Podemos vencer o pecado ao confessá-lo, buscar ajuda de outros cristãos, e nos fortalecer na Palavra e oração (**Romanos 8:13**). O Espírito Santo nos ajuda a abandonar os maus hábitos e viver em santidade.

8. Qual é o papel do Espírito Santo na busca pela santidade?

O Espírito Santo nos guia e nos capacita a viver em santidade, convencendo-nos do pecado e nos fortalecendo para fazer a vontade de Deus (**João 16:8, Gálatas 5:16-25**).

9. Santidade significa nunca pecar?

Santidade não significa perfeição ou ausência total de pecado, mas sim uma busca contínua por pureza e arrependimento. Devemos confessar os pecados e buscar viver de maneira agradável a Deus (**1 João 1:8-9**).

10. Como manter a santidade nos pensamentos e nas atitudes?

Mantenha a santidade nos pensamentos meditando na Palavra, guardando a mente de influências negativas e orando para que Deus renove sua mente (**Filipenses 4:8, Romanos 12:**2).

11. Por que a Bíblia diz "sede santos, porque Eu sou santo"?

Deus nos chama a reflectir Seu carácter. Como Seus filhos, somos chamados a viver de acordo com a santidade que Ele nos concede e a reflectir Sua luz (**1 Pedro 1:16, Levítico 11:44-45**).

12. Como santidade e graça se relacionam?

A graça de Deus nos capacita a viver em santidade, perdoando nossos pecados e nos fortalecendo para viver uma vida transformada (**Tito 2:11-12, Efésios 2:8-9**).

13. Quais são os passos para uma verdadeira santificação?

Santificação envolve arrependimento, crescimento na fé, obediência à Palavra e dependência do Espírito Santo (**Hebreus 10:10, Romanos 12:1-2**). Também é um processo diário de transformação.

14. Como saber se estou realmente vivendo em santidade?

A evidência da santidade está no fruto do Espírito em nossa vida e no desejo de evitar o pecado (**Gálatas 5:22-23**). Viver em santidade é reflectido pela obediência e pela paz que vem de uma vida em comunhão com Deus.

15. Qual é a diferença entre santidade e justiça?

A justiça é o estado de ser declarado justo por Deus através da fé em Cristo. Santidade é o processo de viver de acordo com a nova natureza, buscando pureza e crescimento espiritual (**1 Coríntios 1:30**).

16. Como lidar com as tentações e permanecer em santidade?

Devemos resistir às tentações com a Palavra de Deus, oração e vigilância (**1 Coríntios 10:13, Tiago 4:7**). O Espírito

Santo nos fortalece e nos dá a capacidade de fugir do pecado.

17. Santidade significa me afastar de pessoas que não crêem?

Não necessariamente. Jesus nos chama a ser luz para o mundo, mas devemos ter cuidado para que as influências não nos afastem de Deus (**1 Coríntios 15:33**). O equilíbrio é influenciar positivamente sem comprometer nossos valores. Se você esta para influenciar, mas percebe que já começou a ser o influenciado, a melhor coisa a fazer é se afastar.

18. Como posso crescer em santidade no meu relacionamento com os outros?

Crescemos em santidade ao demonstrar amor, compaixão e paciência com os outros, vivendo de forma que agrade a Deus e reflecte o Seu carácter (**Efésios 4:2-3, Colossenses 3:12-14**).

19. Quais hábitos ajudam a manter a santidade no quotidiano?

Orar, ler a Bíblia, congregar-se com outros irmãos e fugir de situações de tentação são hábitos que nos ajudam a manter a santidade (**Hebreus 10:25, 1 Tessalonicenses 5:17**).

20. É possível ser santo sem frequentar uma igreja?

Frequentar uma igreja fortalece a fé e ajuda na comunhão com outros cristãos. A igreja nos ajuda a crescer e nos encoraja na busca pela santidade (**Hebreus 10:24-25**). Um soldado não pode deixar de frequentar o quartel.

21. Qual é o papel da leitura da Bíblia na vida de santidade?

A Bíblia nos orienta, transforma nossa mente e nos mostra como viver de forma agradável a Deus (**2 Timóteo 3:16-17, Salmo 119:105**). Ela é essencial para crescer em santidade.

22. Por que a santidade é um processo contínuo?

A santidade é um processo contínuo porque a nossa transformação é gradual e diária, enquanto crescemos no conhecimento de Deus e abandonamos os velhos hábitos (**2 Coríntios 3:18**).

23. Como posso ensinar a santidade aos meus filhos?

Ensine pelo exemplo, vivendo em obediência e amor a Deus. Mostre a importância da oração, leitura da Bíblia e da comunhão com Deus (**Deuteronômio 6:6-7, Provérbios 22:6**).

24. Santidade e humildade estão relacionadas? Como?

Sim. A verdadeira santidade está acompanhada de humildade, pois reconhecemos nossa total dependência de Deus (**Filipenses 2:3-8**). A humildade nos ajuda a evitar o orgulho espiritual.

25. Como não cair no orgulho ao tentar viver em santidade?

Devemos lembrar que nossa santidade vem de Deus e que dependemos do Espírito Santo (**Efésios 2:8-9**). Humilhar-se diante de Deus e buscar sempre Sua ajuda nos mantém longe do orgulho.

26. Quais são os sinais de uma vida santificada?

Uma vida santificada manifesta o fruto do Espírito, cresce no amor por Deus e pelo próximo e evitar o pecado (**Gálatas 5:22-23, 1 João 2:3-6**). Por isso que em lugares seculares ao notarem um comportamento seu em evitar o pecado eles dizem: Ele está se fazendo de santinho...

27. Como posso reflectir a santidade de Deus para o mundo?

Reflectimos a santidade de Deus ao viver de forma pura, sendo exemplo de amor, bondade e integridade em todas as áreas da nossa vida (**Mateus 5:16, 1 Pedro 2:9**).

28. Como a santidade afecta minha vida em comunidade e no trabalho?

A santidade nos leva a agir com honestidade, amor e respeito, impactando positivamente todos ao nosso redor (**Colossenses 3:23-24, 1 Pedro 2:12**).

29. Qual é a recompensa para aqueles que buscam a santidade?

Deus promete Sua presença, paz e comunhão para aqueles que buscam a santidade. Além disso, há a promessa de uma recompensa eterna (**Mateus 5:8, Hebreus 12:14**).

30. Como lidar com os momentos de queda e permanecer firme na busca pela santidade?

Confesse o pecado e peça ajuda a Deus para vencer as áreas de fraqueza. Lembre-se que Ele é fiel para nos restaurar e nos fortalecer para continuar (**1 João 1:9, Filipenses 1:6**).

Perguntas e Resposta Sobre os Dons Espirituais

1. O que são os dons espirituais?

Os dons espirituais são habilidades concedidas pelo Espírito Santo aos cristãos para edificar a Igreja e glorificar a Deus. Eles incluem habilidades como sabedoria, cura, profecia, e ensino (**1 Coríntios 12:4-11**).

2. Todos os cristãos possuem dons espirituais?

Sim, todo cristão recebe pelo menos um dom espiritual ao aceitar Jesus e receber o Espírito Santo (**1 Coríntios 12:7**). Esses dons variam e são distribuídos conforme a vontade de Deus.

3. Como posso descobrir qual é o meu dom espiritual?

Você pode descobrir seu dom espiritual através de oração, estudo da Bíblia, experimentação em ministérios, e conselhos de outros cristãos (**Romanos 12:6-8, 1 Coríntios 12:11**).

4. Qual é a diferença entre talentos naturais e dons espirituais?

Talentos naturais são habilidades inatas ou adquiridas, enquanto os dons espirituais são capacitações sobrenaturais concedidas pelo Espírito Santo para uso no serviço de Deus e na edificação da Igreja (**1 Coríntios 12:4-7**).

5. Por que Deus nos concede dons espirituais?

Deus concede dons espirituais para edificar a Igreja, fortalecer a fé dos crentes e ajudar no cumprimento da missão de evangelização e serviço cristão (**Efésios 4:11-12, 1 Coríntios 12:7**).

6. Como saber se um dom espiritual vem de Deus?

Um dom espiritual genuíno glorifica a Deus, edifica a Igreja e está em linha com as Escrituras. O fruto do Espírito, como amor e paz, também é evidência de que o dom é de Deus (**Mateus 7:16-20, 1 Coríntios 12:3**).

7. Os dons espirituais podem ser desenvolvidos com o tempo?

Sim, os dons espirituais podem e devem ser desenvolvidos ao longo do tempo através de estudo, prática e dependência do Espírito Santo (**2 Timóteo 1:6, Hebreus 5:14**).

8. É possível ter mais de um dom espiritual?

Sim, o Espírito Santo pode conceder mais de um dom a um cristão, conforme a vontade de Deus e a necessidade da Igreja (**1 Coríntios 12:11**).

9. Qual é o propósito dos dons espirituais na igreja?

O propósito dos dons espirituais é edificar a Igreja, servir aos outros e fortalecer a fé dos crentes para a glória de Deus (**1 Coríntios 14:12, Efésios 4:12**).

10. Como usar meu dom espiritual para ajudar os outros?

Use o dom em amor, buscando servir e edificar a Igreja. Ore pedindo direcção a Deus para aplicá-lo da melhor maneira possível (**1 Pedro 4:10-11, 1 Coríntios 13**).

11. Os dons espirituais podem ser retirados por Deus?

Deus concede dons conforme Sua vontade, mas se um cristão negligencia ou usa mal seu dom, ele pode perder a oportunidade de usá-lo plenamente (**Mateus 25:28-30**).

12. Qual é a diferença entre os dons espirituais e o fruto do Espírito?

Dons espirituais são habilidades específicas para servir a Igreja, enquanto o fruto do Espírito é o carácter transformado de um cristão, evidenciado em qualidades como amor, alegria, e paz (**Gálatas 5:22-23**).

13. Como posso saber se estou usando meu dom espiritual de forma correta?

O uso correto do dom espiritual é reflectido em edificação, paz e alinhamento com a Palavra de Deus. Busque feedback da liderança e ore por discernimento (**1 Coríntios 14:26, Colossenses 3:17**).

14. Quais são os principais dons espirituais descritos na Bíblia?

Alguns dos principais dons espirituais incluem profecia, sabedoria, ciência, fé, cura, operação de milagres, discernimento de espíritos, línguas e interpretação (**1 Coríntios 12:8-10**).

15. É possível orar para receber um dom espiritual específico?

Sim, é possível orar pedindo dons, mas sempre com o desejo de servir a Igreja e conforme a vontade de Deus (**1 Coríntios 14:1**).

16. Os dons de línguas e profecia ainda são válidos hoje?

Muitos cristãos acreditam que esses dons ainda estão em operação, enquanto outros acreditam que eram específicos para o período apostólico. Mas eu te digo agora que todos os dons são validos hoje e ainda estão disponíveis, nenhum dom cessou. O único problema é que poucas pessoas estão dispostas a pagar o preço para buscar um dom específico da parte de Deus.

17. Como saber se tenho o dom de profecia?

O dom de profecia envolve a capacidade de comunicar mensagens de Deus para a edificação e consolo da Igreja. O dom é identificado por um discernimento e uma conexão com as Escrituras e o Espírito (**1 Coríntios 14:3, 1 João 4:1**).

18. Qual é a função do dom de discernimento de espíritos?

O discernimento de espíritos ajuda a identificar a fonte espiritual de determinadas acções ou manifestações, protegendo a Igreja de falsos ensinos (**1 Coríntios 12:10, 1 João 4:1**).

19. Todos os cristãos devem falar em línguas?

Não, a Bíblia ensina que nem todos os cristãos possuem o mesmo dom, e falar em línguas é apenas um dos muitos dons espirituais (**1 Coríntios 12:30**). Mas é a Bíblia exorta que todos devem buscar esse dom, uma vez que ele ajuda na edificação própria, é da vontade de Deus que você seja edificado.

20. Como evitar o orgulho ao utilizar meu dom espiritual?

Mantenha uma atitude de humildade e serviço, lembrando que o dom é um presente de Deus para edificação e não um motivo de superioridade (**Romanos 12:3, 1 Pedro 5:5**).

21. Por que alguns cristãos não manifestam dons espirituais visíveis?

Nem todos os dons são visíveis, e alguns podem ser mais discretos, como misericórdia ou serviço. A ausência de manifestação visível não significa ausência de dons (**Romanos 12:6-8, 1 Coríntios 12:29-30**).

22. Como posso incentivar outros a usarem seus dons espirituais?

Incentive pelo exemplo, orando com eles e ajudando-os a reconhecer e valorizar seus dons. Promova o crescimento e o serviço em comunidade (**Hebreus 10:24-25**).

23. Qual é a importância do dom de cura na igreja?

O dom de cura manifesta o poder de Deus e fortalece a fé, lembrando que Ele é o mesmo e pode intervir em nossas vidas (**Tiago 5:14-15, 1 Coríntios 12:9**).

24. Como os dons espirituais ajudam a fortalecer a fé?

Os dons espirituais mostram o poder de Deus em acção e demonstram que Ele está presente e activo na Igreja, fortalecendo a fé de todos (**1 Coríntios 14:4, 1 Pedro 4:10**).

25. Como evitar divisões na igreja devido aos dons espirituais?

Evite divisões mantendo o foco no propósito de edificação e usando os dons com humildade, amor e respeito pela diversidade de dons (**1 Coríntios 12:25-26, Efésios 4:3**).

26. Posso perder meu dom espiritual se não o usar?

Embora Deus não retire os dons, negligenciá-los pode torná-los ineficazes. Somos encorajados a usar os dons diligentemente (**1 Timóteo 4:14, Mateus 25:28-29**).

27. Como entender o dom de administração na obra de Deus?

O dom de administração é a capacidade de organizar, planejar e liderar com sabedoria. Ele é essencial para a ordem e eficácia no trabalho da igreja (**1 Coríntios 12:28**).

28. Como saber se o dom que alguém manifesta é genuíno?

O dom genuíno edifica a Igreja, está de acordo com as Escrituras e reflecte o carácter de Cristo. Ore por discernimento e compare com a Palavra (**1 João 4:1, Mateus 7:16-20**).

29. Qual é o papel do dom de ensino no corpo de Cristo?

O dom de ensino é essencial para o crescimento e edificação espiritual, esclarecendo a Palavra de Deus e orientando a Igreja no conhecimento das Escrituras (**Efésios 4:11-12, 2 Timóteo 2:15**).

30. Como posso discernir entre dons verdadeiros e falsos?

Discernir dons verdadeiros exige conhecimento bíblico, oração e observação dos frutos espirituais. Teste os espíritos e busque sabedoria de Deus (**1 João 4:1, Tiago 1:5**).

47

Perguntas e Resposta Sobre a Influencia de amizades, pureza e impureza

1. Como escolher amizades que me ajudem a crescer espiritualmente?

Escolher amigos que compartilhem dos mesmos valores cristãos e que incentivem o crescimento espiritual é essencial. Procure aqueles que têm o desejo de servir a Deus, que o apoiem na caminhada de fé e que o desafiem a crescer (**Provérbios 13:20, 1 Tessalonicenses 5:11**).

2. O que a Bíblia diz sobre as más companhias?

A Bíblia alerta sobre os perigos das más companhias e como elas podem corromper bons hábitos. Em **1 Coríntios 15:33**, Paulo diz: *"Não vos enganeis: as más conversações corrompem os bons costumes."* Escolha estar ao lado de quem ajuda a manter o seu foco em Cristo.

3. Como lidar com amigos que têm valores diferentes dos meus?

Mantenha um relacionamento respeitoso e amável com esses amigos, mas tenha limites claros. Testemunhe sua fé com integridade e firmeza sem comprometer seus valores (**2 Coríntios 6:14-15**).

4. É possível ter amizades próximas com pessoas que não são cristãs?

Sim, mas é preciso discernimento. Ao manter uma amizade próxima com alguém que não compartilha da mesma fé, esteja consciente de sua influência, para que seu relacionamento glorifique a Deus e que você seja uma luz (**Mateus 5:16**).

5. Como influenciar positivamente meus amigos sem ser influenciado por comportamentos errados?

Ore pedindo força e discernimento, permaneça firme nos valores bíblicos e seja um exemplo. Se seu comportamento reflecte a fé, é mais provável que você influencie de forma positiva (**Romanos 12:2, 1 Pedro 2:12**).

6. Como saber se uma amizade está me afastando de Deus?

Examine os frutos dessa amizade. Se ela enfraquece sua fé, incentiva práticas contrárias à Bíblia ou causa culpa espiritual, talvez seja um sinal de que a amizade não é saudável. (**1 Coríntios 15:33**).

7. Qual é o papel das amizades cristãs na minha caminhada de fé?

Amizades cristãs oferecem apoio, encorajamento e correcção quando necessário, ajudando a manter o foco em Deus. Elas reflectem o amor fraternal que a Bíblia ensina (**Provérbios 27:17, Hebreus 10:24-25**).

8. Como aconselhar um amigo que está em pecado sem julgá-lo?

Fale em amor e com humildade, mostrando a verdade bíblica de forma cuidadosa e incentivando o arrependimento sem condenação. Ore antes e durante a conversa, pedindo sabedoria (**Gálatas 6:1, Efésios 4:15**).

9. Como explicar aos amigos minha decisão de viver em pureza?

Explique sua decisão com sinceridade, compartilhando como sua fé em Cristo influencia seu desejo de viver de acordo com a Palavra de Deus. Seja honesto sobre seus motivos e o que você espera alcançar (**1 Pedro 3:15-16**).

10. O que significa pureza no contexto bíblico?

Pureza bíblica refere-se a um coração e uma mente limpos, sem impurezas, dedicados a Deus. É uma condição do coração que busca agradar a Deus em todas as áreas da vida (**Salmos 51:10, Mateus 5:8**).

11. Como manter a pureza em um mundo cheio de tentações?

Busque continuamente a Deus em oração, medite nas Escrituras e estabeleça limites práticos. A proximidade com Deus fortalece a resistência às tentações (**Salmos 119:9, Mateus 26:41**).

12. Pureza é apenas algo relacionado ao comportamento sexual?

Não, pureza também envolve pensamentos, intenções e atitudes. A Bíblia ensina que a pureza é sobre o coração e inclui todos os aspectos da vida (**Filipenses 4:8, 1 Timóteo 4:12**).

13. Como me arrepender e buscar a pureza depois de cometer erros?

Arrependa-se sinceramente diante de Deus, peça perdão e busque a restauração. Deus é misericordioso e deseja nos purificar quando nos voltamos para Ele (**1 João 1:9, Salmos 51:2**).

14. O que a Bíblia ensina sobre pureza de coração?

Jesus ensina que os "limpos de coração" verão a Deus. Pureza de coração significa uma vida honesta e devota a Deus, sem duplicidade (**Mateus 5:8, Salmos 24:3-4**).

15. Como posso me afastar de ambientes e amizades que incentivam a impureza?

Decida evitar esses ambientes, explique seus motivos e ore por novas amizades saudáveis. Peça a Deus força para não voltar a esses lugares (**1 Coríntios 10:13**).

16. Como ajudar amigos que estão envolvidos em comportamentos impuros?

Ore por eles e ofereça apoio amoroso. Fale a verdade em amor, compartilhe a Palavra e encoraje-os a buscar a restauração espiritual (**Gálatas 6:1**).

17. Pureza e santidade estão relacionadas? Como?

Sim, a pureza é uma parte importante da santidade. A santidade envolve viver separado para Deus, e a pureza é o estado de coração e mente que busca agradá-Lo (**1 Pedro 1:15-16**).

18. Como posso crescer em pureza espiritual e moral?

Cultive uma vida de oração, estude a Palavra, evite o pecado e busque o Espírito Santo para ajudá-lo a vencer tentações (**Filipenses 4:8, Salmos 119:11**).

19. Como evitar pensamentos impuros?

Preencha sua mente com a Palavra de Deus, afaste-se de conteúdos e situações que gerem pensamentos impuros e ore constantemente pedindo renovação mental (**Romanos 12:2, Filipenses 4:8**).

20. Como posso saber se algo é impuro aos olhos de Deus?

Compare com os ensinamentos bíblicos. Se algo contradiz os princípios de Deus ou promove o pecado, provavelmente é impuro (**Efésios 5:3-4, 1 Tessalonicenses 5:22**).

21. É possível viver em pureza e ser aceito por meus amigos?

Sim, mas nem todos os amigos vão entender. Jesus ensina que alguns se afastarão, mas Ele também promete que estaremos no caminho certo ao buscarmos agradar a Deus, perca amizades, mas não perca Jesus. (**Mateus 5:10-12**).

22. O que é impureza segundo a Bíblia?

Impureza é tudo que nos afasta de Deus e contamina nossos pensamentos, acções e coração. Envolve práticas e atitudes que não condizem com a santidade (**Efésios 5:3-5, Gálatas 5:19-21**).

23. Como influências impuras podem afectar minha vida espiritual?

Influências impuras enfraquecem nossa relação com Deus, distorcem nossa percepção espiritual e nos tornam mais vulneráveis ao pecado (**Provérbios 13:20, 1 Coríntios 15:33**).

24. Qual é a importância de ter amizades que compartilhem dos mesmos valores cristãos?

Amigos cristãos ajudam a fortalecer nossa fé, oferecem apoio espiritual e nos incentivam a viver de acordo com os ensinamentos de Deus (**Hebreus 10:24-25**).

25. Como fortalecer minha fé para resistir a influências negativas?

Fortaleça sua fé com oração, leitura da Palavra e busque a comunhão com outros cristãos. Quanto mais próxima sua relação com Deus, mais forte será a resistência (**Efésios 6:10-11**).

26. O que fazer quando amigos cristãos começam a agir de forma contrária à Palavra de Deus?

Ame-os e incentive-os a voltar para Deus. Se necessário, estabeleça limites para proteger sua própria caminhada espiritual (**Gálatas 6:1, 1 Coríntios 5:11**).

27. Como posso ajudar amigos que não vêem importância na pureza?

Seja um exemplo e testemunhe sobre os benefícios de uma vida pura. Explique por que a pureza é importante para sua fé e compartilhe a verdade com amor (**1 Pedro 3:15**).

28. Como manter o equilíbrio entre amar o próximo e evitar amizades que me afastam de Deus?

É possível amar as pessoas sem se envolver em comportamentos que o afastam de Deus. Escolha amigos que o edificam e ore por aqueles que não compartilham sua fé (**Romanos 12:9-10**).

29. Quais práticas me ajudam a buscar uma vida mais pura?

Leitura da Bíblia, oração, evitar situações que promovam o pecado e se rodear de pessoas que compartilhem seu compromisso com Deus são práticas úteis (**Salmos 119:9-11, Filipenses 4:8**).

30. Como confiar em Deus para me guiar nas amizades certas?

Ore pedindo direcção, observe os frutos das amizades e confie que Deus proverá pessoas que ajudarão no seu crescimento espiritual (**Provérbios 3:5-6, Salmos 37:23**).

Perguntas e Resposta Sobre a Oração, Adoração e Louvor

Perguntas e Resposta Sobre a Oração, Adoração e Louvor

1. O que é oração e qual é seu propósito?

A oração é a comunicação directa com Deus, onde expressamos gratidão, arrependimento, louvor, pedidos e intercessões. O propósito da oração é desenvolver um relacionamento íntimo com Deus, buscar Sua vontade e alinhar nosso coração com o Dele (**Mateus 6:9-13**).

2. Como posso desenvolver uma vida de oração consistente?

Reserve um horário diário, crie um espaço silencioso, e comece com pequenas orações sinceras. Use um diário de oração e seja honesto com Deus, compartilhando tudo com Ele. Persevere, mesmo quando parecer difícil (**1 Tessalonicenses 5:17**).

3. O que a Bíblia ensina sobre diferentes tipos de oração?

A Bíblia fala sobre oração de intercessão (**1 Timóteo 2:1**), súplica (**Filipenses 4:6**), adoração (**Salmo 95:6**), gratidão (**1 Tessalonicenses 5:18**), confissão (**1 João 1:9**), e outras. Cada tipo de oração tem um propósito e nos ajuda a nos aproximarmos de Deus em diferentes momentos.

4. Qual é a importância da oração em comunidade?

A oração em comunidade fortalece a fé, promove unidade, e traz encorajamento mútuo. Jesus disse que onde dois ou três se reúnem em Seu nome, Ele está presente (**Mateus 18:20**).

5. Como posso saber se minhas orações estão sendo respondidas?

Nem sempre a resposta é imediata ou visível, mas Deus responde de acordo com Sua vontade, seja com um "sim", "não", ou "espere". Confie e tenha fé que Ele sabe o que é melhor (**1 João 5:14**).

6. O que fazer quando sinto que Deus não está ouvindo minhas orações?

Continue orando e confie no carácter de Deus. Ele ouve nossas orações e responde no tempo certo. Lembre-se que o silêncio de Deus também pode ser uma forma de nos fortalecer e nos ensinar algo (**Salmo 34:17**).

7. Como orar por outras pessoas de forma eficaz?

Ore com fé e de forma específica. Pergunte pelo que a pessoa precisa e apresente esses pedidos a Deus. Ore com compaixão e amor, lembrando-se que Deus conhece as necessidades melhor do que nós (**Tiago 5:16**).

8. Qual é a diferença entre oração, adoração e louvor?

A oração é comunicação com Deus; adoração é reverência, expressando amor e devoção a Deus; louvor é elogiar e exaltar a Deus por quem Ele é e o que faz (**Salmo 100:4**).

9. O que significa adorar a Deus em espírito e em verdade?

Adorar em espírito significa adorar com o coração e alma, e em verdade significa adorar com sinceridade e de acordo com a verdade de Deus (**João 4:24**).

10. Como posso incorporar a adoração em meu dia a dia?

Agradeça a Deus em tudo, cante louvores, pratique actos de bondade e dedique tudo o que fizer a Ele. Seja intencional em glorificar a Deus em cada aspecto da sua vida (**Colossenses 3:17**).

11. Qual é o papel do louvor na vida cristã?

O louvor nos aproxima de Deus, nos ajuda a lembrar de Suas promessas e nos dá forças para enfrentar desafios. Louvar é um acto de fé que nos mantém conectados com Ele (**Salmo 150**).

12. Como a música influencia a adoração a Deus?

A música nos ajuda a expressar emoções e pensamentos que às vezes são difíceis de verbalizar. Ela une a comunidade cristã e nos leva a focar no carácter de Deus (**Efésios 5:19**).

13. É necessário ter um lugar específico para orar?

Não. Deus nos ouve em qualquer lugar. No entanto, ter um lugar calmo pode ajudar a manter a concentração e criar um hábito (**Mateus 6:6**).

14. Como lidar com distracções durante a oração?

Peça a Deus que te ajude a manter o foco. Comece com momentos de silêncio e respire fundo. Lembre-se que Ele entende nossas lutas e continua atento (**Filipenses 4:6-7**).

15. Quais são algumas orações poderosas que posso usar?

Oração do Pai Nosso (**Mateus 6:9-13**), **Salmo 23**, **Salmo 51**, e orações de Paulo em **Efésios 1:16-19** e Filipenses **1:9-11**.

16. Como a adoração afecta meu relacionamento com Deus?

A adoração nos aproxima de Deus e renova nossa mente e coração. Ela nos ensina a valorizar mais a Sua presença e a confiar mais n'Ele (**Romanos 12:1-2**).

17. O que significa louvar a Deus em tempos difíceis?

É expressar fé e confiança em Deus, mesmo quando tudo parece incerto. Louvar em tempos difíceis nos fortalece e mostra nossa dependência de Deus (**Salmo 34:1**).

18. Como posso ensinar meus filhos a orar e adorar?

Seja um exemplo e ore com eles. Ensine-os com simplicidade, explicando a importância da oração e mostrando que Deus ouve cada palavra (**Provérbios 22:6**).

19. O que a Bíblia diz sobre jejum e oração?

A Bíblia ensina que jejum e oração nos ajudam a buscar a Deus de forma intensa e a vencer nossas fraquezas (**Mateus 6:16-18; Isaías 58:6-7**).

20. Como posso fazer da oração uma prática regular em minha vida?

Estabeleça um horário diário e seja consistente. Use lembretes e encontre um amigo para orar com você. Desenvolva um hábito diário (**Daniel 6:10**).

21. É aceitável orar com outras pessoas que têm crenças diferentes?

Sim, mas lembre-se de que sua oração deve ser coerente com sua fé em Deus. É importante discernir e orar de forma que edifique a todos (**Romanos 12:18**).

22. Como o louvor pode trazer cura emocional e espiritual?

Louvar nos lembra da bondade e fidelidade de Deus, ajuda a mudar o foco das nossas preocupações e abre o coração para que Ele cure nossas feridas (**Salmo 147:3**).

23. Como posso expressar minha adoração a Deus além da música?

Servindo aos outros, amando o próximo, obedecendo à Palavra de Deus, e vivendo de forma íntegra. A adoração é um estilo de vida (**Romanos 12:1**).

24. Qual é a importância da gratidão nas orações?

A gratidão fortalece a fé, nos ajuda a ver as bênçãos de Deus e nos aproxima d'Ele. A Bíblia nos encoraja a sermos gratos em tudo (**1 Tessalonicenses 5:18**).

25. Como o silêncio e a meditação se encaixam na oração?

O silêncio nos ajuda a ouvir a voz de Deus e a meditação nos permite focar em Suas promessas. Ambos são essenciais para a profundidade da vida de oração (**Salmo 46:10**).

26. O que significa "orar sem cessar" conforme 1 Tessalonicenses 5:17?

Significa manter uma comunicação constante com Deus ao longo do dia, vivendo em dependência e sintonia com Ele.

27. Como posso manter uma atitude de louvor mesmo diante de dificuldades?

Lembre-se das promessas de Deus, conte Suas bênçãos e mantenha o foco na Sua bondade. O louvor é uma declaração de fé e de confiança.

28. Qual é a relação entre adoração e a leitura da Bíblia?

A Bíblia nos ensina sobre Deus e Sua vontade. Quanto mais lemos, mais aprendemos a adorá-Lo de forma verdadeira e alinhada com a Palavra (**João 4:24**).

29. Como lidar com a apatia espiritual na adoração e na oração?

Peça que Deus renove seu coração, busque a comunhão com outros cristãos, e medite nas promessas Dele. Às vezes, uma mudança de rotina pode ajudar a revitalizar sua vida espiritual (**Salmo 51:10**).

30. Como a oração intercessora é importante para a comunidade cristã?

A intercessão fortalece a unidade, traz cura e bênçãos, e nos lembra de que fazemos parte de um corpo maior. Somos chamados a orar uns pelos outros (**Tiago 5:16**).

Perguntas e Resposta Sobre o Céu

1. O que é o céu de acordo com a Bíblia?

O céu é o lugar onde Deus habita (**Mateus 5:34**), descrito como um lugar de paz, glória e comunhão eterna com Ele. A Bíblia apresenta o céu como o destino final dos que seguem a Cristo, onde viverão em Sua presença para sempre (**Apocalipse 21:3-4**).

2. Quais são as características do céu?

O céu é descrito como um lugar sem dor, morte, tristeza ou pecado (**Apocalipse 21:4**). É um lugar de glória e luz, onde Deus é a fonte de todo o brilho (**Apocalipse 21:23**). No céu, haverá uma alegria eterna e perfeita comunhão com Deus e com outros santos.

3. Como será a vida no céu?

A vida no céu será de adoração contínua a Deus, desfrutando da Sua presença e da Sua paz. Os santos estarão em corpos glorificados, livres das limitações físicas e do pecado (**Filipenses 3:20-21**). Será um lugar de plena satisfação e alegria, onde todos os redimidos viverão para sempre com Deus.

4. O céu é um lugar físico ou espiritual?

A Bíblia indica que o céu tem elementos físicos e espirituais. Após a ressurreição, os crentes terão corpos glorificados, sugerindo uma realidade tangível (**1 Coríntios 15:42-44**). No entanto, o céu também é um estado de existência espiritual, onde Deus é o centro e tudo é iluminado por Sua glória.

5. Como posso ter certeza de que irei para o céu?

A certeza da vida eterna vem através da fé em Jesus Cristo como Senhor e Salvador (**João 3:16; Efésios 2:8-9**). A Bíblia ensina que, ao crermos e vivermos segundo o Evangelho, temos a garantia de que viveremos com Deus eternamente.

6. O que a Bíblia diz sobre as recompensas no céu?

A Bíblia fala de recompensas no céu para aqueles que foram fiéis a Deus (**Mateus 5:12; 2 Timóteo 4:8**). Essas recompensas são para aqueles que serviram e obedeceram a Deus com sinceridade. Embora eu não saiba todos os detalhes, as recompensas são uma expressão da graça de Deus.

7. Existem níveis ou diferentes graus de glória no céu?

A Bíblia sugere que haverá diferentes níveis de recompensas ou de glória, conforme a fidelidade e o serviço de cada um

(**1 Coríntios 3:12-15; 2 Coríntios 5:10**). No entanto, todos os que estão no céu compartilharão da alegria eterna e da presença de Deus.

8. O que significa a expressão "nova Jerusalém" em relação ao céu?

A *"nova Jerusalém"* representa a cidade celestial, a morada final dos redimidos, descrita como descendo dos céus para a terra na nova criação (**Apocalipse 21:2**). É um símbolo da união perfeita entre Deus e Seu povo e o lugar onde Deus habitará com eles para sempre.

9. Como o céu se relaciona com a terra na escatologia cristã?

A Bíblia fala de "novos céus e nova terra" (**Isaías 65:17; 2 Pedro 3:13**), onde a criação será restaurada. O céu e a terra se unirão, e Deus fará Sua morada entre os homens, trazendo redenção completa a todas as coisas. Será um estado perfeito e eterno de comunhão.

10. O que a Bíblia diz sobre reencontrar entes queridos no céu?

A Bíblia sugere que teremos reconhecimento e comunhão com outros crentes no céu (**1 Tessalonicenses 4:13-18**). Embora a ênfase seja na presença de Deus, haverá a alegria de reencontrar aqueles que também confiaram em Cristo e viveram para Ele. E poderá ser triste também não encontrar algumas pessoas lá, vamos nos esforçar e levar mais pessoas para lá.

Perguntas e Resposta Sobre o Inferno

Perguntas e Resposta Sobre o Inferno

1. O que a Bíblia ensina sobre o inferno?

A Bíblia descreve o inferno como um lugar de separação de Deus, onde há sofrimento eterno para aqueles que rejeitaram Sua graça e viveram no pecado (**Mateus 25:46; 2 Tessalonicenses 1:9**). Jesus ensinou sobre o inferno como um lugar real e enfatizou sua seriedade, alertando sobre a necessidade do arrependimento (**Mateus 10:28**).

2. Quais são as características do inferno?

O inferno é descrito como um lugar de trevas (**Mateus 8:12**), sofrimento e fogo eterno (**Marcos 9:43**). É um estado de existência onde não há a presença de Deus, o que resulta em angústia contínua (**Lucas 16:24**). O inferno também é um lugar de justiça, onde o pecado e a rebeldia contra Deus são julgados.

3. O inferno é um lugar eterno de tormento?

Sim, a Bíblia apresenta o inferno como um lugar de punição eterna (**Mateus 25:46**). **Apocalipse 20:10** descreve o tormento como *"de dia e de noite, para todo o sempre,"* indicando que é uma condição permanente para aqueles que rejeitaram a Deus.

4. Como a justiça de Deus é reflectida na existência do inferno?

O inferno reflecte a justiça de Deus porque é a justa consequência para aqueles que rejeitam a santidade e a graça de Deus (**Romanos 2:6-8**). Deus oferece salvação, mas para aqueles que persistem na rebeldia e rejeitam Sua oferta, o inferno representa a justa separação da presença de Deus.

5. Quem vai para o inferno, segundo a Bíblia?

A Bíblia ensina que aqueles que rejeitam a Deus e não aceitam a salvação por meio de Jesus Cristo enfrentarão o julgamento eterno (**João 3:36; Apocalipse 21:8**). São aqueles que preferem o pecado à santidade e rejeitam a reconciliação com Deus.

6. O que significa a expressão "lago de fogo"?

O *"lago de fogo"* em **Apocalipse 20:14-15** representa a punição final, onde o diabo, seus anjos e todos os que rejeitaram a Deus serão lançados. É uma imagem do sofrimento e da destruição eternos, muitas vezes interpretado como o destino final dos ímpios após o julgamento. O inferno é só um lugar de passagem!

7. Existe esperança de salvação para aqueles que vão para o inferno?

De acordo com a Bíblia, após o julgamento final, não há mais oportunidades de salvação para aqueles que estão no inferno (**Hebreus 9:27**). O inferno é descrito como uma condição irreversível de separação eterna de Deus.

8. O que é a "segunda morte" mencionada em Apocalipse?

A *"segunda morte"* refere-se ao castigo eterno no lago de fogo, a separação final e completa de Deus (**Apocalipse 20:14; Apocalipse 21:8**). Para os redimidos, a *"segunda morte"* não tem poder, mas para os que rejeitam a Deus, ela representa a condenação final.

9. Como a visão do inferno influencia a evangelização?

A realidade do inferno motiva os cristãos a compartilhar o Evangelho, levando o amor e a salvação de Cristo aos perdidos (**2 Coríntios 5:11**). A consciência da seriedade do inferno aumenta o desejo de alcançar as pessoas com a mensagem de perdão e reconciliação que só Jesus oferece.

10. O inferno é uma criação de Deus ou resultado do pecado humano?

O inferno é uma criação de Deus como um lugar de justiça para o pecado e o mal (**Mateus 25:41**). Embora Deus não deseje que ninguém vá para o inferno (**2 Pedro 3:9**), ele é o resultado final para aqueles que, por sua própria escolha, rejeitam a Deus e permanecem no pecado.

75

Perguntas e Resposta Sobre os Anjos

1. O que são anjos segundo a Bíblia?

Na Bíblia, os anjos são seres espirituais criados por Deus para cumprir Suas ordens e servir a Ele. Eles são descritos como mensageiros de Deus, enviados para ajudar, proteger e comunicar Sua vontade aos seres humanos (**Salmo 103:20; Hebreus 1:14**). Os anjos não são deuses, mas seres poderosos que servem a Deus e desempenham papéis importantes no plano divino.

2. Qual é o papel dos anjos na vida dos cristãos?

Os anjos têm vários papéis na vida dos cristãos, incluindo proteger, guiar, fortalecer e transmitir mensagens de Deus. Eles são enviados para ajudar na luta espiritual (**Daniel 10:12-13**) e para ministrar aos crentes (**Hebreus 1:14**). Além disso, os anjos celebram a salvação de um pecador que se arrepende (**Lucas 15:10**).

3. Existem diferentes tipos de anjos?

Sim, a Bíblia menciona diferentes tipos de anjos, como os querubins, que guardam a presença de Deus (**Gênesis 3:24**), os serafins, que louvam e adoram a Deus (**Isaías 6:2-3**), e os arcanjos, como Miguel, que têm papéis especiais na batalha espiritual e na defesa do povo de Deus (**Judas 1:9**). Outros anjos são mencionados como sendo ministros de Deus ou mensageiros específicos (**Lucas 1:26-38**).

4. Os anjos têm livre-arbítrio?

A Bíblia não fornece uma resposta clara sobre se os anjos têm o mesmo tipo de livre-arbítrio que os seres humanos. No entanto, sabemos que alguns anjos usaram sua liberdade para se rebelar contra Deus, como Lúcifer e seus seguidores, que se tornaram os anjos caídos (**Isaías 14:12-15; Apocalipse 12:7-9**). Isso indica que os anjos possuem algum grau de escolha, mas suas decisões têm consequências eternas. Então sim, eles tem livre-arbítrio.

5. Como os anjos se comunicam com os seres humanos?

Os anjos se comunicam com os seres humanos de várias maneiras na Bíblia, geralmente através de mensagens directas (**Lucas 1:26-38**), sonhos ou visões (**Mateus 1:20-21**). Muitas vezes, a comunicação é feita por meio de uma presença tangível, mas em outros momentos, a mensagem pode ser dada de forma clara e audível (**Actos 12:7-10**).

6. É correto orar ou adorar os anjos?

A Bíblia ensina que a adoração deve ser dirigida somente a Deus (**Apocalipse 19:10; Mateus 4:10**). Orar ou adorar os anjos é incorreto e pode ser considerado uma forma de idolatria. O próprio apóstolo João, ao tentar se prostrar diante de um anjo, foi instruído a adorar apenas a Deus (**Apocalipse 22:8-9**).

7. O que a Bíblia diz sobre anjos caídos?

A Bíblia fala sobre os anjos que caíram de sua posição celestial, liderados por Lúcifer, que se rebelaram contra Deus e se tornaram demónios (**Isaías 14:12-15; Apocalipse 12:7-9**). Esses anjos caídos são inimigos de Deus e atuam contra os planos divinos, tentando enganar e destruir os seres humanos (**Efésios 6:12**).

8. Como posso reconhecer a presença de anjos em minha vida?

Embora os anjos não sejam frequentemente visíveis para os humanos, a Bíblia ensina que eles podem ser enviados por Deus para ajudar e proteger os crentes. Muitas vezes, os anjos se manifestam de formas invisíveis, como por meio de uma sensação de paz, protecção em momentos perigosos ou circunstâncias que parecem ser guiadas por uma mão divina (**Hebreus 13:2**). A presença de anjos pode ser reconhecida por suas acções que trazem luz, orientação e consolo, de acordo com a vontade de Deus.

9. Os anjos protegem e guardam os cristãos?

Sim, a Bíblia diz que os anjos protegem e guardam os cristãos. Em **Salmo 91:11-12**, está escrito que *"Ele dará ordem aos seus anjos para que te guardem em todos os teus caminhos"*. Além disso, Jesus ensinou que os anjos de Deus estão atentos às necessidades dos pequeninos, referindo-se à protecção divina (**Mateus 18:10**).

10. O que os anjos fazem no céu e na terra?

No céu, os anjos adoram e louvam a Deus continuamente, proclamando Sua santidade e Sua glória (**Isaías 6:2-3; Apocalipse 4:8**). Na terra, os anjos desempenham papéis de mensageiros, ministros de Deus, protectores e agentes de justiça. Eles também participam activamente na realização do plano de Deus, ajudando a espalhar Sua palavra e garantindo a protecção dos crentes (**Hebreus 1:14**).

Perguntas e Resposta Sobre os Demónios

1. O que são demónios e qual é sua origem?

Demónios são espíritos malignos ou anjos caídos que se rebelaram contra Deus. Sua origem está ligada à queda de Satanás e dos anjos que o seguiram. Satanás, originalmente um anjo criado por Deus, se rebelou contra a autoridade divina e, com ele, outros anjos foram expulsos do céu. Esses anjos caídos tornaram-se demónios (**Isaías 14:12-15; Apocalipse 12:7-9**). Eles agora atuam como inimigos de Deus e das pessoas, buscando afastar os seres humanos de Deus e semear o mal.

2. Como os demónios influenciam a vida humana?

Os demónios influenciam a vida humana de várias maneiras: por tentação, mentira, opressão e através do engano espiritual. Eles tentam afastar as pessoas de Deus, incitar o pecado e espalhar desconfiança na fé. Além disso, podem influenciar negativamente a mente e os comportamentos, causando tormento emocional e psicológico. Eles buscam afastar os cristãos de sua identidade em Cristo e impedir o crescimento espiritual (**Efésios 6:12; 1 Pedro 5:8**).

3. O que a Bíblia diz sobre a possessão demoníaca?

A possessão demoníaca é quando um demónio assume controle de uma pessoa, afectando seu corpo e mente. A

Bíblia relata diversos casos de possessão demoníaca, como em **Marcos 5:1-20**, onde Jesus expulsa uma legião de demónios de um homem. No entanto, a possessão não é comum em todas as situações, e a Bíblia ensina que os cristãos têm autoridade sobre os demónios em nome de Jesus (**Lucas 10:19; Actos 16:18**).

4. Como posso me proteger da influência demoníaca?

Para se proteger da influência demoníaca, a Bíblia ensina que devemos nos revestir da armadura de Deus (**Efésios 6:10-18**), resistir ao diabo e ele fugirá de nós (**Tiago 4:7**), e viver uma vida de oração, vigilância e santidade. A oração constante, o estudo da Palavra de Deus, a comunhão com outros cristãos e a prática da fé fortalecem a protecção espiritual contra o mal (**1 Pedro 5:8-9**).

5. Os demónios têm poder sobre os cristãos?

Os demónios não têm poder sobre os cristãos, pois eles são protegidos por Deus e possuem autoridade sobre as forças do mal em Cristo (**1 João 4:4**). Cristo já venceu Satanás e deu aos cristãos o poder de resistir ao mal. No entanto, os cristãos devem viver em santidade e vigilância, pois, embora os demónios não possam controlar um crente, eles podem tentar influenciar suas acções e pensamentos (**Efésios 4:27**).

6. Como o exorcismo é abordado na Bíblia?

O exorcismo na Bíblia envolve a expulsão de demónios através da autoridade de Jesus Cristo. Jesus e Seus discípulos realizaram exorcismos, expulsando demónios em Seu nome (**Marcos 1:34; Lucas 10:17-19**). O exorcismo é feito com oração e autoridade em nome de Jesus, e os demónios são expulsos com o poder do Espírito Santo. Não é uma prática que deva ser realizada de forma leviana, e deve ser sempre com discernimento e em total dependência de Deus. Exorcismo católico não expulsa demónios!

7. Existe um líder entre os demónios, como Satanás?

Sim, Satanás é o líder supremo dos demónios e é frequentemente descrito como o *"príncipe da potestade do ar"* (**Efésios 2:2**), o *"pai da mentira"* (**João 8:44**) e o *"adversário"* que busca destruir a humanidade (**1 Pedro 5:8**). Ele foi originalmente um anjo criado por Deus, mas se rebelou e tornou-se o líder dos anjos caídos, agora conhecidos como demónios. Satanás tenta destruir o plano de Deus e seduzir as pessoas a seguir seus caminhos.

8. O que significa "guerra espiritual" na vida cristã?

A guerra espiritual refere-se à batalha entre as forças do bem (Deus, Seus anjos e os cristãos) e as forças do mal (Satanás e seus demónios). A Bíblia ensina que essa guerra é travada principalmente no campo espiritual, por meio de oração, resistência ao mal e proclamação da verdade de Deus (**Efésios 6:12**). Os cristãos são chamados a estar preparados, usando a armadura de Deus para resistir às investidas do inimigo e lutar pela verdade e justiça em Cristo.

9. Como reconhecer a diferença entre tentação e ataque demoníaco?

A tentação pode vir de diversas fontes, incluindo nossas próprias concupiscências, mas um ataque demoníaco é quando um demónio tenta influenciar directamente os pensamentos ou acções de uma pessoa de maneira mais agressiva. A tentação pode ser enfrentada com a palavra de Deus e a oração (**Mateus 4:1-11**), enquanto os ataques demoníacos exigem resistência firme e oração específica, usando a autoridade de Cristo para repreender o mal (**Tiago 4:7**).

10. O que a Bíblia ensina sobre a derrota de Satanás?

A Bíblia ensina que Satanás já foi derrotado através da obra de Cristo na cruz. Jesus despojou os principados e potestades, triunfando sobre eles publicamente (**Colossenses 2:15**). Embora Satanás ainda tenha poder e actue neste mundo, sua derrota final será consumada quando Cristo voltar para julgar o mundo e lançar Satanás no lago de fogo (**Apocalipse 20:10**). Os cristãos têm vitória sobre Satanás através de Cristo e devem viver confiantes nessa verdade.

Perguntas e Resposta Sobre o Baptismo com o Espírito Santo

Perguntas e Resposta Sobre o Baptismo com o Espírito Santo

1. O que é o baptismo com o Espírito Santo?

O baptismo com o Espírito Santo é a experiência espiritual onde o crente é imerso ou cheio do Espírito Santo, recebendo poder para viver uma vida cristã mais plena e eficaz. É uma habilitação do Espírito para testemunhar de Cristo e viver em santidade, reflectindo os frutos e os dons espirituais. Essa experiência é distinta do momento da salvação, embora ambos sejam necessários para a vida cristã (**Actos 1:5, 8; Lucas 24:49**).

2. Qual é a diferença entre o baptismo nas águas e o baptismo com o Espírito Santo?

O baptismo nas águas simboliza a morte, sepultamento e ressurreição de Cristo e é uma declaração pública da fé do crente (**Mateus 28:19; Romanos 6:4**). Já o baptismo com o Espírito Santo é uma experiência espiritual que empodera o crente para viver conforme o Espírito e testemunhar de Cristo, acompanhado por sinais como falar em línguas (**Actos 2:4; Actos 19:6**).

3. Todos os cristãos recebem o baptismo com o Espírito Santo?

O baptismo com o Espírito Santo é uma promessa para todos os crentes, mas nem todos experimentam isso de imediato. A

Bíblia ensina que todos os cristãos têm o Espírito Santo, mas o baptismo com o Espírito Santo é uma experiência separada que pode ocorrer após a conversão (**Actos 2:38-39; Actos 8:17-19**).

4. Como posso saber se fui baptizado com o Espírito Santo?

Você pode saber se foi baptizado com o Espírito Santo através de uma transformação visível em sua vida, que pode incluir sinais como falar em línguas, maior poder para testemunhar, uma vida de oração mais intensa e um desejo profundo de viver em santidade (**Actos 2:4; Actos 1:8**).

5. Quais são os sinais do baptismo com o Espírito Santo?

O principal sinal do baptismo com o Espírito Santo na Bíblia é falar em línguas (**Actos 2:4; Actos 10:46**). Outros sinais podem incluir o aumento da ousadia para testemunhar de Cristo, uma vida de adoração mais intensa, e uma maior capacitação para servir em ministérios espirituais.

6. O baptismo com o Espírito Santo é uma experiência única ou contínua?

O baptismo com o Espírito Santo pode ser uma experiência única, mas o cristão pode ser *"cheio"* do Espírito em várias ocasiões, à medida que busca viver sob Sua direcção e poder

(**Efésios 5:18**). A Bíblia também fala sobre a necessidade de ser continuamente cheio do Espírito, vivendo de acordo com a Sua orientação (**Actos 4:31**).

7. Como o baptismo com o Espírito Santo impacta a vida do cristão?

O baptismo com o Espírito Santo capacita o cristão a viver uma vida mais íntima com Deus, a ser mais eficaz em seu testemunho, a operar em dons espirituais e a ter uma vida de adoração mais vibrante (**Actos 1:8; 1 Coríntios 12:4-11**). Ele também proporciona um poder sobrenatural para resistir ao pecado e viver de maneira santa.

8. O que a Bíblia diz sobre o baptismo com o Espírito Santo em Actos dos Apóstolos?

Em Actos dos Apóstolos, o baptismo com o Espírito Santo é descrito como uma promessa de Jesus para Seus seguidores, que se torna uma experiência que os capacita para o serviço e evangelismo. Em **Actos 2**, no Dia de Pentecostes, os discípulos receberam o Espírito Santo e falaram em línguas, tornando-se ousados para pregar o evangelho (**Actos 1:4-8; Actos 2:1-4**).

9. Como o baptismo com o Espírito Santo se relaciona com os dons espirituais?

O baptismo com o Espírito Santo abre a porta para os dons espirituais, que são manifestações do Espírito de Deus para edificação da igreja. Isso inclui dons como sabedoria, conhecimento, fé, curas, milagres, profecia, discernimento de espíritos, línguas e interpretação de línguas (1 Coríntios 12:4-11).

10. O que significa "ser cheio do Espírito Santo"?

Ser cheio do Espírito Santo significa viver sob Sua completa direcção, permitindo que Ele controle nossas acções, pensamentos e palavras. Isso implica em ser capacitado para viver em obediência a Deus, ter poder para testemunhar e operar nos dons espirituais (**Efésios 5:18**).

11. Existe um momento específico em que alguém deve buscar o baptismo com o Espírito Santo?

A busca pelo baptismo com o Espírito Santo deve ser feita com fé, oração e desejo de ser capacitado para o serviço a Deus. Não há um momento específico, mas é algo que deve ser buscado com sinceridade e desejo de viver mais plenamente no Espírito (**Lucas 11:13**).

12. Como a oração pode ajudar na busca pelo baptismo com o Espírito Santo?

A oração é fundamental na busca pelo baptismo com o Espírito Santo. Jesus disse que, se pedirmos ao Pai, Ele nos dará o Espírito Santo (**Lucas 11:13**). Orar com fé, pedir e buscar a plenitude do Espírito Santo é essencial para receber esse baptismo.

13. O baptismo com o Espírito Santo é necessário para a salvação?

O baptismo com o Espírito Santo não é necessário para a salvação, pois a salvação é através da fé em Jesus Cristo (**Efésios 2:8-9**). No entanto, o baptismo com o Espírito Santo é importante para capacitar o crente a viver uma vida cristã vitoriosa e ser eficaz no testemunho.

14. Qual é o papel da fé no recebimento do baptismo com o Espírito Santo?

A fé é essencial para receber o baptismo com o Espírito Santo. Assim como a salvação é recebida pela fé, o baptismo com o Espírito também é recebido pela fé em Deus, que promete dar o Espírito Santo a todos os que pedem (**Lucas 11:13; Actos 19:2**).

15. Como posso me preparar espiritualmente para receber o baptismo com o Espírito Santo?

Para se preparar espiritualmente, busque um coração puro e aberto para Deus, orando, lendo a Bíblia e desejando ser cheio do Espírito para viver para Sua glória. Esteja disposto a abandonar tudo o que pode impedir a plenitude do Espírito em sua vida (**Actos 2:38-39**).

16. O que fazer se não tive uma experiência emocional ao receber o baptismo com o Espírito Santo?

A experiência emocional não é um indicativo essencial de que você foi baptizado com o Espírito Santo. O baptismo pode ser uma experiência calma ou intensa, mas o importante é viver com a consciência de que o Espírito Santo habita em você e capacita sua vida cristã (**Actos 1:8**). Eu não tive uma experiencia emocional quando recebi o Baptismo com o Espírito Santo, mas tive plena convicção que eu havia sido baptizado pelas manifestações visíveis do baptismo com o Espírito Santo (o surgimento de línguas estranhas)

17. Como o baptismo com o Espírito Santo afecta minha vida de adoração?

O baptismo com o Espírito Santo aumenta a sensibilidade para adorar a Deus de maneira mais profunda e genuína. O Espírito Santo nos guia em adoração e nos capacita a glorificar a Deus com todo nosso ser (**João 4:24**).

18. O que significa falar em línguas como sinal do baptismo com o Espírito Santo?

Falar em línguas é um sinal externo que ocorre frequentemente no momento do baptismo com o Espírito Santo, como registado em **Actos 2:4**. Línguas podem ser um meio de edificação pessoal e um sinal visível de que o Espírito Santo foi recebido (**1 Coríntios 14:2**).

19. Como lidar com a dúvida sobre a validade do meu baptismo com o Espírito Santo?

A dúvida pode ser superada buscando um relacionamento mais íntimo com Deus através de oração, leitura da Bíblia e obedecendo à direcção do Espírito. A certeza vem pela fé e pelo testemunho do Espírito Santo em sua vida (**Romanos 8:16**).

20. O baptismo com o Espírito Santo pode ser experimentado por pessoas de diferentes denominações?

Sim, o baptismo com o Espírito Santo é uma experiência disponível para todos os cristãos, independentemente da denominação, que buscam a plenitude do Espírito para viver de acordo com a vontade de Deus (**Actos 2:39**). Outras denominações não experimentam por falta de fé no Baptismo com o Espírito Santo evidenciado pelo falar em línguas, não estou dizendo que eles não tenham o Espírito Santo, só não experimentaram ainda o baptismo que é a experiencia de ser cheio pelo Espírito Santo.

21. Quais são os benefícios espirituais do baptismo com o Espírito Santo?

Os benefícios incluem poder para testemunhar, crescimento em santidade, maior capacitação para o ministério, maior intimidade com Deus e operação de dons espirituais, além de maior entendimento da Palavra de Deus (**Actos 1:8; 1 Coríntios 12:4-11**).

22. Como o baptismo com o Espírito Santo me capacita para testemunhar?

O baptismo com o Espírito Santo dá ousadia e poder sobrenatural para pregar o evangelho e testemunhar sobre Cristo, assim como ocorreu com os discípulos no Dia de Pentecostes (**Actos 2:4, 1:8**).

23. É possível perder o baptismo com o Espírito Santo?

O baptismo com o Espírito Santo não pode ser "perdido" no sentido de ser retirado, mas uma pessoa pode esfriar ou resistir à acção do Espírito em sua vida, não permitindo que o poder de Deus opere plenamente em sua caminhada cristã (**Efésios 4:30**).

24. Como discernir se uma manifestação espiritual é do Espírito Santo?

Toda manifestação espiritual deve ser avaliada à luz da Palavra de Deus. O Espírito Santo sempre glorifica a Jesus e conduz à santidade (**1 João 4:1-3**).

25. O que significa "ser guiado pelo Espírito Santo"?

Ser guiado pelo Espírito Santo significa permitir que Ele nos conduza em nossas decisões, pensamentos e acções, vivendo segundo os princípios de Deus e Sua vontade (**Romanos 8:14**).

26. Qual é a relação entre o baptismo com o Espírito Santo e a santificação?

O baptismo com o Espírito Santo capacita o cristão a viver uma vida mais santificada, ajudando-o a vencer o pecado e a viver de acordo com os padrões de Deus (**Gálatas 5:16-25**).

27. Como o baptismo com o Espírito Santo se relaciona com a comunidade cristã?

O baptismo com o Espírito Santo é essencial para fortalecer a igreja, pois capacita os membros a trabalhar juntos no ministério, operar dons espirituais e crescer em unidade (**1 Coríntios 12:12-13**).

28. O que a Bíblia diz sobre o baptismo com o Espírito Santo em relação ao avivamento?

O baptismo com o Espírito Santo é uma característica fundamental do avivamento, pois o Espírito Santo traz renovação espiritual e desperta a igreja para um poder transformador e testemunho eficaz (**Actos 2:17-18**).

29. Como os frutos do Espírito se manifestam após o baptismo com o Espírito Santo?

Os frutos do Espírito (**Gálatas 5:22-23**) são evidentes na vida do cristão que foi baptizado com o Espírito Santo, manifestando amor, alegria, paz, paciência, bondade, fidelidade, mansidão e domínio próprio.

30. O que devo fazer após receber o baptismo com o Espírito Santo?

Após o baptismo, é importante continuar buscando mais do Espírito, ser obediente à Sua liderança, buscar santidade e operar em dons espirituais para edificar a igreja e testemunhar do amor de Deus (**Actos 2:42**).

Perguntas e Resposta Sobre a Salvação

Perguntas e Resposta Sobre a Salvação

1. O que é salvação de acordo com a Bíblia?

Salvação é o acto de ser resgatado do pecado e da condenação eterna através da fé em Jesus Cristo. Ela envolve perdão dos pecados, reconciliação com Deus e a promessa da vida eterna (**João 3:16; Efésios 2:8-9**).

2. Por que precisamos de salvação?

Precisamos de salvação porque todos somos pecadores e, como consequência, estamos separados de Deus e sujeitos à morte eterna (**Romanos 3:23; Romanos 6:23**). Sem a salvação, não poderíamos ter acesso à presença de Deus e à vida eterna.

3. Como a salvação é alcançada?

A salvação é alcançada pela graça de Deus, através da fé em Jesus Cristo como Senhor e Salvador. Não podemos ser salvos pelas nossas obras, mas pela obra redentora de Cristo na cruz (**Efésios 2:8-9; João 14:6**).

4. Qual é o papel da fé na salvação?

A fé é essencial para a salvação. Devemos crer que Jesus Cristo é o Filho de Deus, que morreu pelos nossos pecados e ressuscitou, confiando Nele para a nossa justificação e perdão (**João 3:16; Efésios 2:8**).

5. O que significa "nascer de novo"?

"*Nascer de novo*" é uma expressão usada por Jesus para descrever a transformação espiritual que ocorre quando alguém aceita a Cristo e recebe o Espírito Santo, deixando para trás a velha natureza pecaminosa e começando uma nova vida em Deus (**João 3:3-7**).

6. A salvação é um presente ou uma conquista?

A salvação é um presente de Deus, não algo que conquistamos por nossos próprios esforços. É dada pela graça de Deus e recebida pela fé (**Efésios 2:8-9**).

7. O que Jesus fez para garantir nossa salvação?

Jesus viveu uma vida sem pecado, morreu na cruz para pagar o preço pelos nossos pecados e ressuscitou para garantir a nossa vitória sobre a morte e o pecado. Sua obra redentora é o meio pelo qual somos reconciliados com Deus (**Romanos 5:8; 1 Pedro 3:18**).

8. A salvação é eterna ou pode ser perdida?

A salvação pode ser perdida, a Bíblia adverte sobre a necessidade de perseverar na fé até o fim (**João 10:28-29; Filipenses 3:12-14**). No final desta secção vou desenvolver melhor este ponto.

9. Como o arrependimento se relaciona com a salvação?

O arrependimento é uma mudança de mente e coração, reconhecendo o pecado e voltando-se para Deus em busca de perdão. Ele é essencial para a salvação, pois nos leva a confessar nossos pecados e a aceitar a graça de Deus (**Actos 3:19; Lucas 13:3**).

10. O que significa confessar Jesus como Senhor?

Confessar Jesus como Senhor significa reconhecer publicamente que Jesus é o soberano de nossas vidas e aceitar Sua autoridade. Isso é um passo fundamental para a salvação (**Romanos 10:9-10**).

12. Como a graça de Deus se aplica à salvação?

A graça de Deus é o favor imerecido que Ele nos concede, oferecendo-nos salvação mesmo sem merecermos. É através da graça que somos salvos, e não por nossas próprias obras (**Efésios 2:8-9**).

12. É necessário fazer boas obras para ser salvo?

Boas obras não são o meio de alcançar a salvação, mas são o resultado natural de uma vida transformada pela fé em Cristo. Após sermos salvos, somos chamados a viver em boas obras, como fruto de nossa nova vida (**Efésios 2:10; Tiago 2:14-26**).

13. O que a Bíblia diz sobre a salvação para as crianças?

A Bíblia ensina que as crianças podem ser salvas e que elas são preciosas aos olhos de Deus. Jesus demonstrou amor por elas e afirmou que o Reino dos Céus pertence a elas (**Mateus 19:14; Marcos 10:14**). Temos que ter em conta também que existe a idade da razão.

14. Como posso ter certeza de que estou salvo?

A certeza da salvação vem de crer nas promessas de Deus e ter uma experiência pessoal com Jesus Cristo. A Bíblia nos assegura que, ao crermos em Jesus, recebemos a vida eterna e o testemunho do Espírito Santo em nossos corações (**1 João 5:13; Romanos 8:16**).

15. O que é a "salvação pela fé"?

"Salvação pela fé" significa que a salvação não é baseada em nossas obras, mas em crer em Jesus Cristo como o Filho de Deus e Salvador. A fé é o meio pelo qual recebemos a graça de Deus (**Efésios 2:8-9**).

16. Existe um pecado que não pode ser perdoado?

O pecado contra o Espírito Santo, também conhecido como blasfémia contra o Espírito, é o único pecado que a Bíblia descreve como imperdoável. Este pecado consiste em rejeitar de forma contínua e deliberada o testemunho do Espírito sobre Jesus (**Mateus 12:31-32**).

17. Como a salvação se relaciona com o baptismo?

O baptismo é um passo de obediência após a salvação, simbolizando a morte para o pecado e a nova vida em Cristo. Ele não é a causa da salvação, mas é uma demonstração pública da fé do crente (**Actos 2:38; Mateus 28:19**).

18. O que significa "redenção" em relação à salvação?

A redenção refere-se ao acto de Cristo nos resgatar do pecado e da condenação, pagando o preço do nosso resgate com Sua morte na cruz. Ele nos liberta da escravidão do pecado e nos traz a liberdade em Deus (**Efésios 1:7; Colossenses 1:14**).

19. Como a salvação se aplica a pessoas de diferentes religiões?

A Bíblia ensina que Jesus Cristo é o único caminho para a salvação (**João 14:6**). Portanto, pessoas de diferentes religiões precisam ouvir o evangelho e crer em Cristo para serem salvas (**Actos 4:12**). Sem Jesus não há salvação, ainda que creia em Deus, ninguém vem ao Pai senão por mim, disse Jesus.

20. O que fazer se alguém não aceita a mensagem de salvação?

Devemos continuar orando por essa pessoa, vivendo de maneira que reflicta o amor de Cristo e compartilhando a mensagem da salvação com gentileza e respeito. Deus trabalha no coração das pessoas, e é Ele quem convence do pecado (**Mateus 28:19-20; 2 Timóteo 4:2**).

21. Como a salvação transforma a vida de uma pessoa?

A salvação transforma a vida ao nos libertar do pecado, nos dar uma nova identidade em Cristo e nos capacitar a viver conforme a vontade de Deus. Ela traz paz, alegria, e o desejo de servir a Deus e aos outros (**2 Coríntios 5:17; Gálatas 5:22-23**).

22. O que é a "esperança da salvação"?

A *"esperança da salvação"* é a confiança e a expectativa de que, pela fé em Jesus Cristo, seremos salvos e teremos a vida eterna com Deus. É uma esperança firme, baseada nas promessas de Deus (**1 Pedro 1:3-5; Tito 1:2**).

23. Como podemos compartilhar a mensagem da salvação com os outros?

Podemos compartilhar a mensagem da salvação vivendo o evangelho em nossas acções, orando por aqueles que ainda não conhecem Cristo e compartilhando abertamente sobre o que Jesus fez por nós, com amor e compaixão (Mateus 28:19-20; Actos 1:8).

24. O que significa "herdar a vida eterna"?

"Herdar a vida eterna" significa receber de Deus, como um presente, a promessa de vida sem fim na Sua presença, por meio da fé em Jesus Cristo. A vida eterna começa no momento em que aceitamos a Cristo e dura para sempre (**João 3:16; 1 João 5:11-12**).

25. Como a salvação é abordada nos Evangelhos?

Nos Evangelhos, a salvação é apresentada como o plano de Deus para a humanidade através de Jesus Cristo, que veio para salvar os pecadores. Jesus chamou as pessoas ao arrependimento e à fé Nele como o único caminho para a salvação (**Mateus 4:17; João 14:6**).

26. O que a Bíblia diz sobre a salvação em relação ao perdão?

A salvação é inseparável do perdão dos pecados. Ao aceitarmos a Cristo, nossos pecados são perdoados, e somos reconciliados com Deus. A Bíblia ensina que Jesus veio para perdoar todos os pecados daqueles que crêem Nele (**Actos 10:43; Efésios 1:7**).

27. Como a salvação nos conecta com a comunidade cristã?

A salvação nos conecta com a Igreja, o corpo de Cristo, e nos dá uma nova identidade como parte do povo de Deus. Juntos, como crentes, compartilhamos a vida, a adoração e o ministério (**1 Coríntios 12:12-13**).

28. Qual é a importância da oração na experiência de salvação?

A oração é vital na experiência de salvação, pois é através dela que expressamos nossa fé, arrependimento e gratidão a Deus. A oração também nos ajuda a crescer na nossa relação com Deus após a salvação (**Romanos 10:9-13; Filipenses 4:6**).

29. O que é a "justificação" em relação à salvação?

A justificação é o acto de Deus declarar um pecador justo com base na obra de Cristo. Ao aceitarmos Jesus, somos justificados, ou seja, declarados inocentes e livres do castigo do pecado (**Romanos 5:1; 2 Coríntios 5:21**).

30. Como a salvação nos prepara para o céu?

A salvação nos prepara para o céu ao nos reconciliar com Deus e nos dar uma nova natureza. A salvação garante que, após a morte, viveremos eternamente com Deus no céu, em um estado de paz e alegria, longe do pecado (**João 14:2-3; Apocalipse 21:3-4**).

Antes de ir a próxima sessão de perguntas e respostas, gostaria de destacar de forma especial essa pergunta, que é uma das principais no que diz respeito a Salvação.

É possível perder a salvação?

Sim, é possível perder a salvação! Para responder essa pergunta eu me baseio em alguns princípios bíblicos que falam sobre a necessidade de perseverança na fé e a possibilidade de desviar-se da verdade.

Aqui estão alguns pontos para explicar porque eu acredito que a salvação pode ser perdida:

A necessidade de perseverar até o fim

A Bíblia fala sobre a necessidade de perseverar até o fim para ser salvo. Em Mateus 24:13, Jesus diz: "Mas aquele que perseverar até o fim será salvo." Isso indica que a salvação não é garantida de uma vez por todas, mas requer um compromisso contínuo e fiel com Deus.

Advertências contra o pecado e apostasia

A Escritura também adverte contra a apostasia, que é o abandono da fé. Em **Hebreus 6:4-6**, o autor fala sobre aqueles que uma vez experimentaram a graça de Deus e, posteriormente, se afastaram dela, dizendo que é impossível renová-los novamente para arrependimento. Este texto sugere que aqueles que caem em apostasia, rejeitando a graça de Deus após conhecerem a verdade, estão em risco de perder a salvação.

Exortações para viver de acordo com a fé

O Novo Testamento contém várias exortações sobre como viver uma vida digna da salvação recebida. Em **1 Coríntios 9:27**, Paulo fala sobre disciplinar o seu corpo para não ser desqualificado, mesmo sendo apóstolo. Isso demonstra que, mesmo aqueles que já receberam a salvação, precisam continuar vivendo de maneira fiel e obediente a Deus.

O exemplo de Israel no Antigo Testamento

No Antigo Testamento, vemos que o povo de Israel, apesar de ser escolhido por Deus, muitas vezes se afastava dele e caía em pecado, o que resultava em juízo e separação de Deus. Jesus usa esse exemplo em várias ocasiões para alertar que, se não perseverarmos, podemos também ser excluídos do Reino de Deus (**Mateus 7:21-23**).

As cartas das igrejas e a necessidade de vigilância

Nas cartas de Paulo e em outras cartas apostólicas, há muitos apelos para a vigilância, como em **Filipenses 2:12**, onde Paulo escreve: *"Portanto, meus amados, como sempre obedecestes, não só na minha presença, mas muito mais agora, na minha ausência, desenvolvei a vossa salvação com temor e tremor."* Isso implica que devemos ser cuidadosos e constantes, pois a salvação é algo que deve ser cultivado e mantido com diligência.

A liberdade de escolha

A Bíblia também ensina que temos a liberdade de escolher seguir a Deus ou rejeitá-lo. Em **1 Timóteo 4:1**, Paulo avisa que *"nos últimos tempos, alguns apostatarão da fé"*, o que sugere que é possível abandonar a fé uma vez professada. Isso aponta para a possibilidade de perder a salvação caso alguém rejeite ou abandone a fé em Cristo.

Perguntas e Resposta Sobre o Arrebatamento e a Volta de Jesus

Perguntas e Resposta Sobre o Arrebatamento e a Volta de Jesus

1. O que a Bíblia diz sobre a volta de Jesus?

A Bíblia ensina que Jesus voltará fisicamente à Terra para julgar o mundo, estabelecer Seu Reino eterno e cumprir todas as promessas de Deus. Ele virá com grande poder e glória para restaurar todas as coisas. Passagens chave sobre a volta de Jesus incluem:

Actos 1:11: *"Este Jesus, que dentre vós foi elevado ao céu, há de vir assim como para o céu o vistes ir."*

Apocalipse 22:20: *"Certamente, venho sem demora."*

2. Qual é a diferença entre a volta de Jesus e o arrebatamento?

A volta de Jesus: Refere-se à segunda vinda de Cristo, quando Ele descerá do céu de maneira visível, para derrotar os inimigos, julgar as nações e estabelecer Seu Reino eterno **(Apocalipse 19:11-16)**.

O arrebatamento: Refere-se ao momento em que os crentes em Cristo serão *"arrebatados"* (levados) para se encontrar com o Senhor nos ares, antes da grande tribulação. Este evento está descrito principalmente em **1 Tessalonicenses 4:16-17 e 1 Coríntios 15:51-52**.

3. Quando ocorrerá a volta de Jesus segundo as profecias bíblicas?

A Bíblia ensina que ninguém sabe o dia ou a hora exacta da volta de Jesus. Jesus mesmo disse:

Mateus 24:36: *"Mas a respeito daquele dia e hora, ninguém sabe, nem os anjos dos céus, nem o Filho, senão o Pai."* O que sabemos é que a volta de Jesus será precedida por sinais, como guerras, rumores de guerras, terramotos, e o aumento da iniquidade (**Mateus 24:3-14**).

4. Quais serão os sinais da volta de Jesus?

Os sinais da volta de Jesus incluem:

Engano e falsas doutrinas (**Mateus 24:5, 24**)

Guerras e conflitos (**Mateus 24:6-7**)

Fome, pestes e terramotos (**Mateus 24:7**)

Perseguição aos cristãos (**Mateus 24:9-10**)

A pregação do evangelho em todo o mundo (**Mateus 24:14**)

A manifestação do homem do pecado (Anticristo) (**2 Tessalonicenses 2:3-4**)

O amor se esfriando de muitos (**Mateus 24:12**)

5. O arrebatamento será visível para todos?

De acordo com **1 Tessalonicenses 4:16-17**, o arrebatamento será visível para os crentes, mas será um evento onde os cristãos serão levados para se encontrar com Jesus nos ares, de forma repentina. Aqueles que não crerem em Jesus não estarão preparados para esse evento.

6. Quem será arrebatado e quem ficará para trás?

Os crentes em Cristo, aqueles que são fiéis a Ele, serão arrebatados para encontrar o Senhor nos ares (**1 Tessalonicenses 4:17**). Aqueles que não aceitaram a salvação através de Cristo permanecerão na Terra e enfrentarão a Grande Tribulação.

7. O que significa "ser arrebatado" na Bíblia?

O termo "arrebatamento" significa ser "arrancado" ou "levantado" repentinamente, como está descrito em **1 Tessalonicenses 4:16-17**. Será um momento em que os cristãos serão tirados da Terra para encontrar o Senhor Jesus nos ares, sendo protegidos da tribulação que virá sobre a Terra.

8. Como devemos nos preparar para a volta de Jesus?

A Bíblia nos instrui a viver em vigilância e santidade, aguardando a volta de Cristo com expectativa e prontidão:

Mateus 25:13: *"Vigiai, pois, porque não sabeis o dia nem a hora."*

1 João 3:3: *"E qualquer que nele tem esta esperança purifica-se a si mesmo, assim como ele é puro."* Devemos também pregar o evangelho, viver uma vida recta e buscar santificação.

9. A volta de Jesus será precedida por algum evento específico?

Antes da volta de Jesus, haverá um período de tribulação, onde o Anticristo surgirá para enganar a muitos, e haverá grandes perseguições (**Mateus 24:21-29**). O arrebatamento ocorrerá antes da Grande Tribulação. Você pode estar se perguntando agora, quem vai ser perseguido se a Igreja já foi arrebatada? Continue lendo o livro...

10. O que a Bíblia diz sobre a natureza do corpo glorificado após o arrebatamento?

Após o arrebatamento, os crentes receberão um corpo glorificado, imortal e incorruptível:

1 Coríntios 15:52-53: *"Num momento, no abrir e fechar de olhos, ao toque da última trombeta... os mortos serão ressuscitados incorruptíveis, e nós seremos transformados."* Esses corpos serão semelhantes ao corpo de Cristo após Sua ressurreição (**Filipenses 3:21**), livres de dor, enfermidade e morte.

Perguntas e Resposta Sobre a Grande Tribulação

Perguntas e Resposta Sobre a Grande Tribulação

A Grande Tribulação é um período de grande sofrimento, perseguição e aflição que, segundo a Bíblia, ocorrerá antes da segunda vinda de Jesus Cristo. Esse período é descrito como um tempo de juízo divino sobre a Terra, onde o pecado e a maldade atingirão seu auge, e os crentes (que vão se converter verdadeiramente após o arrebatamento da Igreja) e judeus escolhidos enfrentam intensa perseguição.

1. O que é a Grande Tribulação?

A Grande Tribulação é um período de sofrimento extremo, conforme descrito nas Escrituras, particularmente em **Mateus 24:21 e Apocalipse 7:14**. Será uma época de crise global, onde os crentes em Cristo serão perseguidos e o mundo enfrentará catástrofes naturais, guerras e caos. Este período culmina com a volta de Jesus para julgar os ímpios e estabelecer Seu Reino.

2. Quando acontecerá a Grande Tribulação em relação à volta de Jesus?

A Grande Tribulação ocorrerá antes da segunda vinda de Jesus, mas a Bíblia também ensina que a intensidade do sofrimento durante esse período será diferente para os crentes e os ímpios.

Pré-tribulacionistas acreditam que a Igreja será arrebatada antes do início da Grande Tribulação. E é o que eu acredito de acordo com a interpretação da Bíblia.

Pós-tribulacionistas acreditam que a Igreja passará por todo o período de tribulação antes da volta de Cristo.

Mediados-tribulacionistas acreditam que a Igreja será arrebatada no meio da Tribulação.

3. Quem passará pela Grande Tribulação?

Os ímpios (aqueles que rejeitam Cristo) enfrentarão a maior parte da tribulação, sendo julgados e castigados pelos juízos de Deus.

Os crentes também passarão por perseguições e dificuldades durante esse período (os que vão se converter após o arrebatamento da Igreja), mas muitos acreditam que Deus os protegerá de forma especial ou os protegerá da ira divina que cairá sobre a Terra.

4. Quais são os sinais que precedem a Grande Tribulação?

Jesus falou sobre vários sinais que precederiam a Grande Tribulação, incluindo:

Guerras e rumores de guerras (**Mateus 24:6**)

Fome, pestes e terramotos (**Mateus 24:7**)

Perseguição e martírio dos cristãos (**Mateus 24:9**)

O surgimento do Anticristo e falsas religiões (**Mateus 24:5, 24**)

A abominação da desolação (**Mateus 24:15**) — um evento relacionado ao Anticristo se proclamando deus.

O evangelho sendo pregado a todas as nações (**Mateus 24:14**)

Esses sinais são vistos como prenúncios de que a Grande Tribulação está prestes a começar.

5. Como devemos reagir diante da possibilidade de enfrentar a Grande Tribulação?

A Bíblia nos instrui a estarmos preparados espiritualmente para qualquer tribulação que venha:

Vigiar e orar (**Mateus 24:42, 25:13**)

Permanecer firmes na fé, mesmo diante da perseguição e sofrimento (**Apocalipse 2:10**)

Não temer, pois Deus promete estar connosco (**Isaías 41:10, Mateus 28:20**)

Evitar desespero e manter a esperança na vinda de Cristo, sabendo que Ele virá para nos livrar (**Apocalipse 7:9-17**).

6. O que a Bíblia ensina sobre a protecção dos cristãos durante a Grande Tribulação?

Embora os cristãos possam passar por dificuldades e perseguições, a Bíblia também promete que Deus estará com Seu povo:

Salmo 91:7 fala da protecção divina, dizendo que, embora mil caiam ao nosso lado, *"a praga não chegará à nossa tenda"*.

Apocalipse 3:10 afirma que Deus protegerá Seus fiéis *"da hora da provação que há de vir sobre o mundo todo"*. Apesar de **Apocalipse 3:10** servir de base também para o pré-tribulacionismo, eu creio que de certa forma Deus vai ajudar os crentes que vão se converter nesse período.

7. Qual é o papel do Anticristo na Grande Tribulação?

O Anticristo será uma figura central durante a Grande Tribulação. Ele surgirá como um líder mundial que enganará muitas pessoas, estabelecendo um sistema de governo global e perseguindo os cristãos. Ele se proclamará como Deus e exigirá adoração:

2 Tessalonicenses 2:3-4 fala do Anticristo se opor a tudo que é sagrado e se colocar acima de Deus.

Apocalipse 13 descreve o poder do Anticristo e sua capacidade de enganar muitas nações.

8. Como a Grande Tribulação se relaciona com os juízos de Deus?

A Grande Tribulação está directamente relacionada aos juízos de Deus sobre a Terra. Durante esse período, Deus derramará Sua ira sobre o mundo ímpio, enquanto simultaneamente a Igreja enfrentará a oposição do Anticristo e suas forças.

Apocalipse 6-19 descreve uma série de juízos que acontecerão durante a Tribulação, como as sete trombetas e os sete selos, que trazem destruição e sofrimento sobre a Terra.

Esses juízos são a resposta divina à rejeição do evangelho e ao aumento da maldade no mundo.

Ainda nessa sessão sobre o arrebatamento, acho justo eu responder essa pergunta: **Porque eu sou Pré-Tribulacionista?**

Primeiramente, creio que a Igreja será poupada da ira de Deus. Embora os cristãos sofram tribulações causadas pelo mundo, a Bíblia deixa claro que nós, como crentes, não experimentaremos a ira de Deus, que será derramada durante a Grande Tribulação. Em **1 Tessalonicenses 1:10**, Paulo fala sobre *"Jesus, que nos livra da ira futura"*, e em **1 Tessalonicenses 5:9**, afirma que *"Deus não nos destinou para a ira, mas para a aquisição da salvação"*. Para mim, é evidente que essa promessa de livramento se refere ao tempo da Tribulação, onde Deus derramará Seu juízo sobre a Terra. Isso me dá uma certeza de que a Igreja não passará por esse período.

Além disso, vejo na Bíblia um padrão de livramento de Deus antes dos grandes juízos. Temos exemplos como Enoque, que foi arrebatado antes do dilúvio (**Gênesis 5:24**), Noé, que foi protegido no meio do dilúvio (**Gênesis 7:1**), e Ló, que foi retirado de Sodoma antes de sua destruição (**Gênesis 19:15-22**). Jesus se refere a esses exemplos em **Lucas 17:26-30** para ilustrar os tempos finais, o que para mim é um sinal de que, na Grande Tribulação, Deus seguirá Seu padrão e protegerá Seus justos, arrebatando a Igreja antes do início desse período.

Outro ponto importante é a distinção entre Israel e a Igreja no plano profético de Deus. A Grande Tribulação é descrita na Bíblia como o *"tempo de angústia para Jacó"* (**Jeremias 30:7**) e, nas profecias de Daniel, é um tempo de cumprimento de promessas específicas para Israel (**Daniel 9:24-27**). Acredito que Deus ainda tem um plano especial para o povo de Israel durante a Tribulação, enquanto a Igreja, por sua vez, já estará com Cristo. No livro de **Apocalipse 3:10**, Jesus promete à igreja de Filadélfia que a guardará *"**da** (não na) hora da provação que há de vir sobre o mundo inteiro"*. Essa frase, ao meu ver, indica uma protecção completa da Tribulação, mostrando que a Igreja será removida da Terra antes desse período de juízo.

Para mim, também é essencial a distinção entre o arrebatamento e a segunda vinda de Cristo. No arrebatamento, como descrito em **1 Tessalonicenses 4:16-17**, a Igreja é arrebatada para encontrar-se com Jesus nos ares. Já na segunda vinda, em **Apocalipse 19:11-16**, Cristo volta à Terra com a Igreja para julgar as nações e estabelecer o Seu reino. Isso reforça minha convicção de que o arrebatamento antecede a Tribulação, poupando a Igreja e permitindo que voltemos com Ele em glória.

Ao responder isso talvez uma outra dúvida pode ter sido gerada dentro de você que seria, se não vamos passar pela grande tribulação **quem são os crentes descritos na bíblia dentro da grande tribulação?**

Os crentes que estarão presentes na Grande Tribulação são aqueles que se converterão a Cristo após o arrebatamento da Igreja. Ou seja, serão pessoas que, ao perceberem os sinais e eventos profetizados, virão a reconhecer Jesus como Salvador durante esse período, tornando-se crentes em meio à Tribulação.

A Bíblia mostra que mesmo em tempos de extrema dificuldade e perseguição, o evangelho ainda será proclamado. Em **Apocalipse 7:9-14**, encontramos a visão de uma grande multidão, *"de todas as nações, tribos, povos e línguas"*, que é descrita como aqueles que *"lavaram as suas vestes e as branquearam no sangue do Cordeiro"*. Um dos anciãos explica a João que esses são *"os que vêm da grande tribulação"* (**v. 14**). Para mim, isso indica que haverá pessoas que, mesmo no auge do sofrimento e da ira de Deus sobre a Terra, vão se arrepender e aceitar a Cristo, sendo assim considerados *"santos da tribulação"*.

Durante esse tempo, creio que muitos deles enfrentarão perseguições severas. O próprio Anticristo se levantará contra os que seguem a Deus, como descrito em **Apocalipse 13:7**, onde ele recebe poder para *"fazer guerra contra os santos e vencê-los"*. Para mim, esses santos não são a Igreja, pois acredito que a Igreja já estará com Cristo após o arrebatamento, mas sim os novos crentes que se converteram no decorrer da Tribulação. Eles testemunharão em um tempo muito difícil, com uma fé autêntica, sabendo que isso pode custar suas próprias vidas.

Além disso, em **Apocalipse 14:6-7**, é mencionado que um anjo voará pelo céu, proclamando *"o evangelho eterno aos que habitam sobre a terra, e a toda nação, e tribo, e língua, e povo"*. Isso para mim mostra que Deus, em sua infinita graça e misericórdia, ainda estará chamando as pessoas ao arrependimento e à fé, mesmo em meio ao juízo da Tribulação.

Portanto, acredito que os crentes presentes na Grande Tribulação serão aqueles que, embora não tenham aceitado a Cristo antes do arrebatamento, responderão ao evangelho durante esse período. Serão indivíduos que, ao verem o cumprimento das profecias e os eventos ocorrendo, terão a oportunidade de se voltar para Deus, tornando-se testemunhas fiéis em meio à perseguição e ao juízo divino.

Sem se esquecer que também estarão presentes durante a grande tribulação 144 mil judeus escolhidos de Deus além dos crentes que vão se converter durante esse período.

A melhor decisão que você pode tomar agora é a aceitar a Jesus verdadeiramente e se converter, de modo que você possa ser arrebatado(a) quando Jesus vier buscar a sua noiva (Igreja) para estar com ela para sempre...

É melhor se converter no tempo da graça, do que no tempo da ira de Deus sobre a terra, que não seja pelo medo, mas pelo privilégio de um dia poder estar diante de Jesus para sempre.

Perguntas e Resposta Sobre a Guerra do Armagedom

Perguntas e Resposta Sobre a Guerra do Armagedom

A Guerra do Armagedom é descrita na Bíblia como uma batalha final entre as forças do bem e do mal, que ocorrerá no fim dos tempos, quando Cristo retornará para derrotar os inimigos de Deus e estabelecer Seu Reino eterno.

1. O que é a Guerra do Armagedom?

A Guerra do Armagedom é a última e decisiva batalha entre as forças de Cristo e os exércitos do Anticristo e seus seguidores, em um contexto de juízo final. O termo *"Armagedom"* vem do hebraico "Har Megiddo", que significa "Monte Megido", uma região conhecida por várias batalhas históricas no Antigo Testamento.

A guerra é mencionada principalmente em **Apocalipse 16:16**, onde se descreve a reunião das forças malignas para a batalha final contra Deus. O propósito dessa guerra é a tentativa de Satanás e do Anticristo de resistir ao domínio de Deus e à volta de Jesus Cristo.

2. Onde e como a Guerra do Armagedom ocorrerá?

A Batalha do Armagedom ocorrerá em um local chamado Megido, uma planície que fica no norte de Israel, perto da cidade de Haifa. Embora o nome *"Armagedom"* esteja associado à cidade de Megido, a guerra não se limita a essa área, mas envolverá uma batalha global, onde as forças do mal se juntarão para enfrentar a intervenção divina.

Apocalipse 16:16 diz que as forças do mal serão reunidas *"no lugar chamado em hebraico Armagedom"*, mas a batalha será mais ampla, abrangendo várias nações.

Será uma guerra sobrenatural, onde os exércitos humanos serão usados pelo Anticristo, mas também envolverão forças espirituais, como os demónios, que estarão conduzindo os reis da Terra a lutar contra Deus.

3. Quais são os protagonistas dessa guerra segundo a Bíblia?

Os principais protagonistas da Guerra do Armagedom são:

Jesus Cristo, como o **Rei dos reis**, que liderará o exército celestial, derrotando as forças do mal e estabelecendo Seu Reino eterno. Ele é descrito como o guerreiro vitorioso que virá com poder e glória, montado em um cavalo branco e com uma espada, para vencer a batalha (**Apocalipse 19:11-16**).

O Anticristo, que será o líder das forças do mal, tentando resistir ao domínio de Cristo e estabelecendo um sistema global de controle sobre a Terra (**Apocalipse 13**).

Satanás e seus demónios, que enganarão as nações para se unirem ao Anticristo em sua luta contra Deus. Eles serão derrotados de forma definitiva na Guerra do Armagedom.

Os exércitos das nações unidas sob o comando do Anticristo, que lutarão contra os exércitos celestiais de Cristo.

4. Qual será o resultado da Guerra do Armagedom?

A Bíblia ensina que a Guerra do Armagedom terminará com a vitória completa de Cristo. O Anticristo, o falso profeta, Satanás e todos os seus seguidores serão derrotados e lançados no lago de fogo, que é o destino final do mal (**Apocalipse 19:19-21**).

Jesus Cristo triunfará sobre os exércitos do Anticristo, derrotando-os de forma absoluta.

O Anticristo e o falso profeta serão capturados e lançados no lago de fogo, enquanto Satanás será preso por mil anos no abismo (**Apocalipse 20:1-3**).

A vitória de Cristo será seguida pelo estabelecimento de Seu Reino milenar, onde Ele reinará sobre a Terra por mil anos, trazendo paz e justiça (**Apocalipse 20:4-6**).

5. Como a Guerra do Armagedom se relaciona com a volta de Jesus?

A Guerra do Armagedom ocorre imediatamente após a volta de Jesus, que será a intervenção final de Deus na história humana para derrotar o mal e estabelecer Seu Reino eterno. A volta de Jesus marcará o fim do domínio do Anticristo e de Satanás, e a Guerra do Armagedom será o confronto decisivo onde as forças do mal serão finalmente derrotadas.

Apocalipse 19:11-16 descreve a volta de Cristo com grande poder e glória, montado em um cavalo branco, com os exércitos celestiais, prontos para vencer a batalha final contra as forças do mal.

Após a derrota do Anticristo, Satanás será lançado no abismo por mil anos, e o reinado de Cristo começará com a instalação do Reino Milenar (**Apocalipse 20:1-6**).

Esse evento será seguido pela nova criação e o estabelecimento do Reino eterno de Deus, onde não haverá mais maldade, sofrimento ou morte (**Apocalipse 21-22**).

Perguntas e Resposta Sobre o Milénio

O Milénio é um período descrito na Bíblia, especificamente no livro de Apocalipse, no qual Cristo reinará na Terra por mil anos. Esse período é mencionado em **Apocalipse 20:1-6**, onde se descreve o reinado de Cristo e dos santos durante esse tempo.

1. O que é o Milénio e o que a Bíblia diz sobre ele?

O Milénio é um período de mil anos de reinado de Cristo na Terra após Sua segunda vinda, antes do estabelecimento da nova criação e da eternidade. Durante esse período, Satanás será preso, e os cristãos fiéis (aqueles que foram martirizados ou que viveram em Cristo) reinarão com Ele. O Milénio é um tempo de paz, justiça e a plena manifestação do Reino de Deus.

Apocalipse 20:1-6 descreve como Satanás será preso por mil anos para que ele não engane mais as nações, enquanto os cristãos, que foram fiéis, reinarão com Cristo. Este é um tempo de restauração e glorificação.

Após esse período, Satanás será solto por um breve período, onde ele enganará as nações novamente, mas será derrotado de forma definitiva (**Apocalipse 20:7-10**).

2. Quem reinará durante o Milénio?

Durante o Milénio, Jesus Cristo será o Rei soberano, governando directamente sobre a Terra. Os santos (aqueles que foram fiéis a Cristo, incluindo os mártires que morreram por causa de sua fé) também reinarão com Ele.

Apocalipse 20:4 fala sobre aqueles que foram mortos por causa de sua fé em Cristo, e eles *"vivem e reinam com Cristo durante mil anos"*. Este é o *"Reino Milenar"*, onde o povo de Deus estará em autoridade e desfrutará da presença de Cristo de forma tangível.

Esse período será caracterizado por justiça, paz e a restauração da ordem na Terra.

3. O que acontecerá com os não salvos durante o Milénio?

A Bíblia ensina que os não salvos durante o Milénio estarão fora do alcance do reinado directo de Cristo. Embora Satanás seja preso, ainda haverá uma separação entre os que seguiram a Cristo e os que não O seguiram.

Apocalipse 20:5 menciona que *"os restantes dos mortos não viverão até que se completem os mil anos"*. Isso mostra que haverá uma distinção entre os salvos (que viverão e reinarão com Cristo) e os não salvos.

Após o Milénio, haverá uma ressurreição final para julgamento, onde todos os que não foram salvos serão condenados ao lago de fogo, enquanto os salvos entrarão na nova criação (**Apocalipse 20:11-15**).

4. Como o Milénio se relaciona com a nova criação e a eternidade?

O Milénio é um período de transição entre o presente mundo, onde o mal ainda prevalece, e o novo céu e nova Terra, onde não haverá mais maldade, sofrimento ou morte. Ele se relaciona directamente com a nova criação, pois após os mil anos, haverá um julgamento final e a criação de um mundo perfeito e eterno, onde Deus habitará com Seu povo.

Apocalipse 21:1-4 descreve como, após o Milénio e o julgamento final, Deus criará um novo céu e uma nova Terra, onde Ele habitará com os salvos, e não haverá mais morte, choro, dor ou sofrimento.

O Milénio será, então, uma fase do cumprimento das promessas de Deus para restaurar todas as coisas e estabelecer Seu Reino eterno de paz e justiça.

5. Acreditar no Milénio é uma questão de fé ou de interpretação bíblica?

A crença no Milénio está relacionada à interpretação bíblica dos textos proféticos, especialmente do livro de Apocalipse. Existem diferentes interpretações sobre a natureza do Milénio, e elas podem variar dependendo da visão escatológica de cada cristão. As principais interpretações incluem:

Pré-milenismo: Acredita-se que o Milénio será um evento futuro, onde Cristo voltará antes do Milénio para reinar na Terra por mil anos. Eu creio nisso de acordo com a Bíblia.

Pós-milenismo: Defende que Cristo retornará após o Milénio, e o período milenar será caracterizado pela progressiva expansão do Reino de Deus na Terra, através da pregação do evangelho.

Amilenismo: Interpreta o Milénio como um símbolo do reinado espiritual de Cristo na vida dos crentes durante a era da Igreja, sem um reinado literal de mil anos.

Perguntas e Resposta Sobre os Julgamentos na Bíblia

Perguntas e Resposta Sobre os Julgamentos na Bíblia

A Bíblia menciona diversos tipos de julgamentos que ocorrerão no fim dos tempos, reflectindo diferentes aspectos da justiça de Deus e o destino eterno de cada pessoa. Os principais julgamentos abordados nas Escrituras são o julgamento dos cristãos, o julgamento das nações e o julgamento dos ímpios, culminando no Grande Trono Branco.

1. Julgamento dos cristãos (Julgamento das Obras ou Tribunal de Cristo)

Esse julgamento não tem como objectivo determinar a salvação, mas avaliar as obras de cada cristão após a salvação. A salvação é garantida pela fé em Cristo, mas as acções e a fidelidade de cada crente serão avaliadas para recompensas eternas. (**2 Coríntios 5:10, 1 Coríntios 3:11-15).**

Objectivo: Avaliar o que cada cristão fez em nome de Cristo, incluindo o motivo de suas acções, para recompensá-los conforme suas obras.

Resultado: Aqueles que fizeram boas obras, com base na fé genuína, receberão recompensas e serão honrados, enquanto os que viveram de forma negligente ou carnal podem sofrer perda de recompensas, mas não perderão sua salvação.

2. Julgamento das nações

Este julgamento ocorrerá após a Grande Tribulação, antes do Milénio, e é descrito em **Mateus 25:31-46**, como o julgamento das nações baseado no trato com os *"pequeninos"* de Cristo (aqueles que são Seus discípulos ou representam a fé em Cristo).

Objectivo: As nações serão separadas como ovelhas e bodes, com as ovelhas representando os justos (aqueles que acolheram e cuidaram dos necessitados, em nome de Cristo) e os bodes representando os ímpios (aqueles que rejeitaram Cristo e negligenciaram os necessitados).

Resultado: As ovelhas, os justos, serão bem-aventurados e entrarão no Reino de Deus, enquanto os bodes, os ímpios, serão condenados ao castigo eterno.

3. Julgamento dos ímpios

Este é o julgamento final para aqueles que não aceitaram Cristo como Senhor e Salvador. Será o julgamento de todos os ímpios, que terão suas acções registadas, e o destino final deles será a condenação eterna. (**Apocalipse 20:11-15, Mateus 7:21-23**).

Objectivo: Julgar aqueles que não estão no Livro da Vida. Serão avaliadas as acções e atitudes daqueles que rejeitaram a salvação oferecida por Cristo. Este julgamento não tem como objectivo oferecer uma segunda chance, mas sim declarar o destino eterno dos não salvos.

Resultado: Os ímpios serão lançados no lago de fogo, o que é a segunda morte, e estarão eternamente separados de Deus.

4. O Grande Trono Branco

O Grande Trono Branco é o julgamento final, descrito em **Apocalipse 20:11-15**, no qual todos os ímpios (aqueles que não aceitaram Cristo) serão julgados segundo suas obras. Ele ocorre após o Milénio, quando Satanás, a Morte e o Inferno serão derrotados. (**Apocalipse 20:11-15**).

Significado: O Grande Trono Branco é o trono de julgamento de Deus, onde todos os mortos, cujos nomes não estão no Livro da Vida, serão julgados.

Quem será julgado: Serão julgados todos os ímpios, ou seja, aqueles que nunca aceitaram Cristo como seu Senhor e Salvador.

Versículo chave: Apocalipse 20:12 diz que *"os mortos grandes e pequenos"* estarão diante de Deus, sendo julgados *"segundo as suas obras"*.

Livro da Vida: O critério final para decidir o destino eterno de uma pessoa é se o seu nome está ou não escrito no Livro da Vida, o que simboliza a salvação através da fé em Jesus Cristo.

Resultado: Aqueles que forem achados fora do Livro da Vida serão lançados no lago de fogo, a segunda morte, onde experimentarão separação eterna de Deus.

Perguntas e Resposta Aleatórias

1. Com que idade se deve permitir o namoro?

A partir dos 18 anos é uma idade recomendada para iniciar um relacionamento sério, pois, em muitos casos, a pessoa já atingiu maioridade legal e possui um entendimento mais maduro das responsabilidades que o namoro envolve. A maturidade emocional, social, espiritual e até financeira contribui para que a pessoa possa estabelecer um relacionamento saudável e comprometido, reflectindo princípios cristãos.

Maturidade emocional: Em um relacionamento, é necessário compreender e lidar com emoções complexas, como a paciência e a empatia (**Provérbios 4:23**).

Maturidade social: Ter uma base de relacionamentos e saber como interagir com outras pessoas ajuda a cultivar um namoro saudável.

Maturidade espiritual: Um cristão maduro buscará honrar a Deus em seu relacionamento, evitando atitudes que não agradam ao Senhor (**1 Coríntios 10:31**).

Maturidade financeira: A estabilidade financeira ajuda a lidar com responsabilidades que surgem no relacionamento e nas futuras fases da vida (**Lucas 14:28-30**).

2. Como imitar a Cristo?

Imitar a Cristo envolve viver conforme Seus ensinamentos de amor, humildade, perdão e santidade. A Bíblia nos chama a seguir Seu exemplo em todas as áreas da vida (**1 João 2:6; Efésios 5:1-2**).

3. Meus amigos estão se afastando de mim por causa da Igreja. Estou no caminho certo?

Sim, seguir a Cristo pode resultar em perseguição ou distanciamento de alguns amigos (**João 15:18-19**). Continue sendo luz e orando por eles.

4. É errado ter amizade com pessoas que não acreditam em Deus?

Não, a Bíblia nos chama a ser luz no mundo e a alcançar os perdidos (**Mateus 5:14-16**). No entanto, devemos tomar cuidado para que essas amizades não nos influenciem negativamente (**1 Coríntios 15:33**).

5. Como vencer as tentações?

Para vencer tentações, devemos usar a Palavra de Deus, orar e confiar no Espírito Santo (**Mateus 4:1-11; 1 Coríntios 10:13**).

6. O que é tentação e o que é pecado?

A tentação é o convite para pecar, mas o pecado é ceder a essa tentação e agir contra a vontade de Deus (**Tiago 1:14-15**).

7. Como deve ser uma amizade cristã entre um homem e uma mulher?

A amizade cristã entre um homem e uma mulher deve ser pura, respeitosa e sem comprometer os padrões de santidade (**1 Timóteo 5:2**).

8. É pecado ser LGBT?

A Bíblia ensina que a prática homossexual é um pecado (**Levítico 18:22; Romanos 1:26-27**). Deus ama todos e oferece perdão e transformação através de Cristo (**1 Coríntios 6:9-11**).

9. Ficar é pecado?

O *"ficar"*, como um relacionamento sem compromisso, pode levar a quedas morais e não reflecte o ideal bíblico de pureza e compromisso no namoro (**1 Coríntios 6:18-20**).

10. Eu peço perdão, mas sempre caio no mesmo pecado. O que faço?

Continue buscando a Deus, ore sinceramente, leia a Palavra, peça apoio e orientação de líderes espirituais e confesse seus pecados (**1 João 1:9**). E deve haver realmente disposição para abandonar o pecado, não adianta pedir perdão sem ter intensão de abandonar os mesmos pecados.

11. Como vencer a timidez na hora de pregar?

Confie em Deus, que dará coragem. O Espírito Santo é quem nos capacita a falar com ousadia (**Actos 4:31**). Ore para que Ele lhe dê sabedoria e ousadia.

12. Me afastei de Cristo, mas gostaria de voltar. O que faço?

Arrependa-se sinceramente, busque a Deus em oração e peça perdão (**1 João 1:9**). Deus sempre está pronto para receber os que se arrependem.

13. O namoro cristão não envolve sexo?

O namoro cristão deve ser baseado em pureza e respeito, evitando a fornicação e buscando agradar a Deus (**1 Tessalonicenses 4:3-5**).

14. O que fazer para orar em línguas estranhas?

A oração em línguas é uma dádiva do Espírito Santo (**1 Coríntios 14:2-4**). Se você busca esse dom, peça ao Senhor com fé (**Lucas 11:13**).

15. Cremação é pecado?

A Bíblia não proíbe a cremação. A preocupação deve ser com a honra a Deus em todas as coisas, incluindo o tratamento com o corpo após a morte (**1 Coríntios 6:19-20**).

16. É pecado ser cristã e namorar com uma pessoa do mundo?

A Bíblia diz que devemos ser cuidadosos ao nos unirmos com os incrédulos, pois isso pode afectar nossa fé (**2 Coríntios 6:14**).

17. É pecado cristã usar roupas curtas?

A Bíblia nos ensina a nos vestirmos com modéstia e respeito, evitando roupas que possam incitar desejos imorais (**1 Timóteo 2:9-10**). Vista-se sempre como se Jesus fosse o seu companheiro.

18. O que você acha de namoro entre adolescentes cristãos?

Namoros devem ser baseados no compromisso com a pureza e no respeito aos princípios cristãos, independentemente da idade (**1 Coríntios 6:18-20**). E sendo mais sincero, adolescentes não devem namorar! Se namoro é preparação para o casamento, um adolescente ainda não possui condições para casar e se namoro para não casar, namora para pecar. Na adolescência priorizem a amizade sempre, sem envolver coisas serias! Namoro não é uma brincadeira, é algo muito sério! Dessa forma evitamos ouvir vários tristemunhos resultantes de namoros na adolescência.

19. Por onde começar para ter comunhão novamente com Cristo?

Comece com arrependimento sincero, oração, leitura da Bíblia e voltando à comunidade cristã (**Tiago 4:8; 1 João 1:9**).

20. É pecado ficar com a pessoa só para conhecer ela melhor?

Ficar sem compromisso pode gerar situações de tentação. O ideal é buscar conhecer a pessoa com o propósito de namoro sério e no temor de Deus (**1 Coríntios 6:18**).

21. Terminei com meu namoro porque ele quis sair da Igreja, fiz o certo?

Se o relacionamento estava comprometendo sua fé e a relação com Deus, foi sábio tomar essa decisão (**2 Coríntios 6:14**).

22. Cristão pode beber?

A Bíblia não proíbe beber em si, mas alerta contra o abuso e a embriaguez (**Efésios 5:18**). O cristão deve agir com sabedoria e discernimento. Se beber pode me fazer pecar, o melhor é nem chegar perto de algo que pode causar separação entre mim e Deus.

23. Se pedirmos perdão todos os dias, Deus cansa de ouvir nosso pedido de perdão?

Não, Deus está sempre pronto para perdoar os sinceros arrependidos (**1 João 1:9**). Ele é misericordioso e justo.

24. Como ler a Bíblia e entender?

Comece com oração, pedindo sabedoria ao Espírito Santo. Leia com atenção e medite sobre os versículos, buscando aplicação prática (**Tiago 1:5**).

25. Como posso conseguir perdão de uma pessoa que deixei muito triste?

Peça perdão sinceramente, reconhecendo seu erro, e mostre através de acções que se arrependeu (**Mateus 5:23-24**).

26. É normal descer as águas e não ser baptizado pelo Espírito Santo?

O baptismo pelo Espírito Santo é uma experiência separada do baptismo em água e pode ocorrer em diferentes momentos (**Actos 1:5; Actos 2:4**).

27. Por que nem toda humanidade quer Deus?

A Bíblia diz que a humanidade, em sua natureza caída, muitas vezes prefere a escuridão à luz (**João 3:19-20**). A salvação é um convite, mas muitos rejeitam.

28. Minha igreja quer adicionar carne de porco à cesta de Natal, está certo isso?

A Bíblia diz que, em Cristo, todos os alimentos foram purificados (**Marcos 7:19; 1 Timóteo 4:4-5**), mas cada cristão deve agir com consciência (**Romanos 14:5-6**).

29. Como se livrar de um relacionamento sabendo que ele não é da Igreja, mas tenho 2 filhos com ele?

No caso só descobriu que ele não era da Igreja depois de ter 2 filhos com ele né? A Bíblia diz que se uma mulher ou um homem já dentro de um relacionamento (casados) conhecer a Jesus sendo que seu parceiro não conhece a Jesus, eles não devem se separar a não ser que a pessoa que não conhece a Jesus queira se esperar, mas não deve vir de um Cristão a ideia de se separar.

É sua missão agora Orar pelo seu parceiro sempre e ser um exemplo de modo que ele possa chegar a Jesus e isso acontece através do seu comportamento. (**1 Coríntios 7:15**)

Fazendo escolhas sabias de parceiros de acordo com a Bíblia evitamos passar a vida orando para que Deus muda a vida do parceiro, case com alguém que conheça a Jesus! Busque apoio e sabedoria em oração.

30. Ficar com rapaz casado é pecado?

Sim, a Bíblia ensina que devemos honrar o casamento e evitar qualquer forma de adultério (**Hebreus 13:4**).

31. Cristão pode falar palavrão?

A Bíblia ensina que nossa fala deve ser pura e edificante (**Efésios 4:29**). Evite palavras que não glorifiquem a Deus.

32. Porque Jesus é chamado de Cordeiro?

Jesus é chamado de Cordeiro porque Ele se sacrificou por nossos pecados, assim como um cordeiro era sacrificado para expiação no Antigo Testamento (**João 1:29**).

33. Os homossexuais vão para o inferno?

A Bíblia ensina que todos os pecados, incluindo a prática homossexual, afastam os homens de Deus, mas que todos podem ser perdoados se se arrependerem e aceitarem a Cristo (**1 Coríntios 6:9-11**).

34. Sou muito impaciente, me irrito muito fácil e grito com as pessoas. Isso atrapalha minha espiritualidade?

Sim, a impaciência e a falta de controle podem afectar nossa relação com Deus e com os outros. Busque o fruto do Espírito, que inclui paciência (**Gálatas 5:22-23**).

35. Como encontrar um propósito de vida?

Busque a Deus em oração e estude a Palavra para entender os Seus planos. Seu propósito está em servir a Deus e viver segundo a Sua vontade (**Jeremias 29:11**).

36. Como orar sem palavras, em silêncio, com Deus?

Deus conhece os desejos do nosso coração. A oração silenciosa é válida, pois Ele vê as intenções sinceras (**Romanos 8:26**).

37. Como devo saber que Deus me ouviu?

Deus sempre ouve nossas orações se forem feitas com fé e conforme Sua vontade (**1 João 5:14-15**).

38. O que é avivamento?

Avivamento é um movimento de renovação espiritual, onde as pessoas se voltam para Deus com arrependimento e buscam viver em obediência (**2 Crônicas 7:14**).

39. Como saber a vontade de Deus para minha vida?

A vontade de Deus é revelada na Bíblia, através da oração e do discernimento espiritual (**Romanos 12:2**).

40. Cristão pode se tatuar?

A Bíblia não fala directamente sobre tatuagens, mas nos orienta a viver de forma pura e sem nos conformarmos com os padrões do mundo (**1 Coríntios 6:19-20; Romanos 12:2**). E não podemos escandalizar os outros irmãos, se fazer tatuagem vai deixar algum irmão escandalizado e duvidar do meu cristianismo, o melhor é não fazer!

41. Meu namorado quer se casar comigo, mas ele não tem a mesma fé que eu. O que faço?

A Bíblia aconselha que os casamentos cristãos devem ser com pessoas de fé comum (**2 Coríntios 6:14**). Ore e busque sabedoria em Deus. FUJA DO JUGO DESIGUAL! E se não quiser fugir, não reclame das consequências depois.

42. Posso ir à balada se não beber?

Baladas geralmente promovem comportamentos que não são compatíveis com a vida cristã (**Efésios 5:18**). A luz de Cristo em você deve ser sua guia.

43. Como saber se estou sendo tentado e não sendo provado por Deus?

A tentação vem de nossos próprios desejos e do inimigo (**Tiago 1:14**), enquanto as provas de Deus têm o objectivo de fortalecer nossa fé (**Tiago 1:2-4**).

44. Se eu não me arrepender de um pecado, posso ir para o inferno?

O arrependimento é essencial para a salvação (**Actos 2:38**). Sem arrependimento sincero, não há perdão.

45. O que a Bíblia fala sobre o perdão?

A Bíblia nos ensina a perdoar como Deus nos perdoa, sem limites (**Mateus 6:14-15**).

46. O que é santidade?

Santidade é viver separado para Deus, obedecendo Seus mandamentos e vivendo de acordo com a Sua vontade (**1 Pedro 1:15-16**).

47. Como posso ter mais fé?

A fé vem pelo ouvir a Palavra de Deus e pela oração (**Romanos 10:17**). Também pedimos ao Senhor que aumente nossa fé (**Marcos 9:24**).

48. Como saber se estou agradando a Deus?

A maneira de agradar a Deus é viver em obediência à Sua Palavra e fazer tudo para a Sua glória (**1 João 3:22**).

49. Eu posso orar de olhos abertos?

Sim, orar com os olhos abertos é aceitável, pois o importante é a sinceridade do coração (**Mateus 6:6**). Fechar os olhos facilita a concentração, mas de olhos abertos também não é errado.

50. Por que devo perdoar quem me magoou?

O perdão é um comando bíblico e libera a pessoa de qualquer amargura, além de nos reconciliar com Deus (**Mateus 18:21-22**).

51. Posso ser rico e ser cristão?

Ter riquezas em si não é pecado, mas a Bíblia adverte contra o amor ao dinheiro (**1 Timóteo 6:10**). O cristão deve usar suas riquezas para a glória de Deus.

52. Qual é a diferença entre ser salvo e ser convertido?

Ser salvo é ser redimido pelo sacrifício de Cristo; ser convertido é uma mudança interna que ocorre quando aceitamos a salvação (**João 3:16**).

53. Por que Deus não responde minhas orações?

Deus responde orações de acordo com Sua vontade e no tempo certo (**Isaías 55:8-9**). Se não for Sua vontade, Ele sabe o que é melhor.

54. Qual é a importância do jejum?

O jejum nos ajuda a focar em Deus, humilhar-nos e buscar mais intimidade com Ele (**Mateus 6:16-18**).

55. Como posso ser mais ousado na fé?

A ousadia vem ao confiar plenamente em Deus e ser obediente à Sua Palavra (**Actos 4:29-31**).

56. Devo seguir tudo o que meu pastor diz?

Seu pastor deve ensinar conforme a Palavra de Deus. Sempre verifique os ensinamentos à luz da Bíblia (**Actos 17:11**).

57. Como saber se Deus está me chamando para algo maior?

Deus chama através do Seu Espírito, da Palavra e da confirmação na comunidade cristã (**Romanos 8:28-30**).

58. Devo testemunhar da minha fé a todo momento?

Sim, a Bíblia nos ensina a ser testemunhas de Cristo em todo o tempo e lugar (**Mateus 28:19-20**).

59. Por que há sofrimento no mundo?

O sofrimento é consequência do pecado no mundo, mas Deus usa o sofrimento para nos moldar e nos aproximar Dele (**Romanos 8:28**).

OREM POR MIM...

É o único pedido individual que faço aos leitores dos meus livros enquanto eu estiver vivo!

Referências

- Menzies, Robert P. (2013). Pentecostes: Essa história é nossa história.

- Ice, Thomas (1951). A verdade sobre Armagedom e o Oriente Médio.

- Ice, Thomas (1951). A verdade sobre o anticristo e o seu reino.

- Ice, Thomas (1951). A verdade sobre o Milênio.

- Ice, Thomas (1951). A verdade sobre o céu e a eternidade.

- Malgo, Wim (2018). Apocalipse de Jesus Cristo

- Costa, Orandir. O verdadeiro discípulo segue as pisadas do seu mestre

FIM
Deus abençoe a sua vida!